多式联运经营人责任制度研究

吕 潇 著

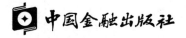

中国金融出版社

责任编辑：曹亚豪
责任校对：李俊英
责任印制：陈晓川

图书在版编目（CIP）数据

多式联运经营人责任制度研究／吕潇著 . —北京：中国金融出版社，2020. 7
ISBN 978 - 7 - 5220 - 0419 - 8

Ⅰ. ①多…　Ⅱ. ①吕…　Ⅲ. ①多式联运—法规—研究—中国
Ⅳ. ①D922. 296. 44

中国版本图书馆 CIP 数据核字（2019）第 278225 号

多式联运经营人责任制度研究
DUOSHI LIANYUN JINGYINGREN ZEREN ZHIDU YANJIU

出版
发行　中国金融出版社

社址　北京市丰台区益泽路 2 号
市场开发部　（010）66024766，63805472，63439533（传真）
网 上 书 店　http：//www. chinafph. com
　　　　　　（010）66024766，63372837（传真）
读者服务部　（010）66070833，62568380
邮编　100071
经销　新华书店
印刷　北京市松源印刷有限公司
尺寸　169 毫米 ×239 毫米
印张　10. 5
字数　190 千
版次　2020 年 7 月第 1 版
印次　2020 年 7 月第 1 次印刷
定价　36. 00 元
ISBN 978 - 7 - 5220 - 0419 - 8
如出现印装错误本社负责调换　联系电话(010)63263947

"国信智库·博士后丛书"序

"国信智库·博士后丛书"是由国家信息中心博士后科研工作站组织出版的博士后研究成果。国家信息中心是在国家发展改革委的直接领导下，以开发信息资源、服务科学决策为使命，集信息技术、研究、管理于一体的事业单位，是直接服务国家重大战略研究与政策制定的重要智库。国家信息中心博士后科研工作站是原人事部 2003 年正式批准设立，在理论经济学、应用经济学、管理科学与工程、社会学、网络空间安全、战略学和心理学七个学科，具有单独招收博士后研究人员资格的科研工作站。目前共有博士后指导教师 30 多人，可为博士后开展跨学科、跨领域的项目研究提供全方位的指导。

博士后站一直秉持"明确目标，突出特色，紧密围绕经济社会发展前沿问题开展研究和培养人才"的建站思路，致力于经济建设和信息化发展领域的理论和应用研究、政府决策咨询的高层次人才培养，形成了独具特色的博士后培养模式。建站以来，在人力资源和社会保障部以及全国博士后管理委员会的领导下，在国家发展改革委人事司和各位博士后导师的指导支持下，累计招收博士后研究人员 100 多人，在国家经济建设和信息化发展中发挥日益重要的作用。

博士后在站期间直接参与重大研究和决策咨询，取得诸多重要成绩，形成一系列重要成果。建站以来，除了每位博士后的出站报告外，博士后站共承担国家重大科技专项、国家社会科学基金、国家自然科学基金、部委研究项目等百余项。博士后通过实地调研撰写的研究报告中，多篇获得中央和国务院领导的肯定批示，并成为决策的参考。中宣部、全国哲学社会科学规划办公室等部门曾发函予以表彰。同时，博士后站定期举办的学术论坛，成为学术交流、成果提升的重要平台。

　　为促进博士后研究成果的转化应用，发挥研究成果的社会效应，现集中整理本站博士后的优秀研究成果，编辑出版"国信智库·博士后丛书"。我们提倡创新、严谨、有影响力的研究，收录的研究作品均为博士后站研究人员的原创成果。我们热切期待，社会各界特别是政策制定人士和学术界的朋友，能够关心支持本丛书，并不吝赐教，使我们的工作不断完善。

摘　要

　　随着国际贸易的繁荣、运输方式的更新，国际运输方式不再拘泥于单一的形式，多式联运逐渐成为国际货运的发展趋势。多式联运立法，牵动着国际社会的关注。多式联运立法主要需要界定的是，当事人之间的权利义务关系，而这之中最为核心的就是多式联运经营人的责任制度。在货物运输领域，国际社会制定了一些单一运输区段的国际公约与规则，但针对多式联运的国际规则，目前只有两个国际公约，即 1980 年《联合国国际货物多式联运公约》（*United Nations Convention on International Multimodal Transport of Goods*，以下简称《1980 年多式联运公约》）与 2008 年《联合国全程或者部分海上国际货物运输合同》（*United Nations Convention on Contracts for the International Carriage of Goods Wholly or Partly by Sea*，以下简称《鹿特丹规则》），以及两个国际上普遍适用的民间规则。这些国际公约与民间规则中，针对多式联运中的运输方与货方的责任制度是如何规定的？外国法对于多式联运的发展情况与立法状况如何？国际社会对于《鹿特丹规则》持何种态度？其中的一些创新型规定是否符合未来的运输需要？哪些国际规则或者其他国家国内立法实践可供我国吸收运用于我国《海商法》的修订与完善？本书将通过五个章节来阐释这些问题。

　　第一章说明集装箱的标准化造就了多式联运的蓬勃发展，引起了运输方式的伟大变革。伴随着集装箱多式联运的发展，货运量显著增大，这要求港站的建设规模必须扩大。多式联运为提高国际贸易的效益与安全，以及国际经济的进一步繁荣与发展注入了新的活力。

　　第二章介绍了多式联运的法律性质与表现形式。通过什么是多式联运合同，多式联运中涉及哪些主要的当事人，以及多式联运案例中纠纷的重要争议点、处理方式、法律适用范围等问题，了解多式联运相关立法的需求，为文章论述部分的展开提供了理论铺垫。

第三章介绍了多式联运经营人的责任制度类型和责任制度的主要内容。在有关多式联运的国际公约与单证规则中，对比分析多式联运经营人的责任期间、责任基础、赔偿责任限额、诉讼时效，对比分析其各自的特点与优势，总结归纳较完整的多式联运经营人责任制度规则体系。

第四章是国际上有关多式联运当事人责任制度的法律规范与反思。1973年颁布的《多式联运单证统一规则》（*Uniform Rules for a Combined Transport Document* 1973）与1991年颁布的《联合国货物和贸易发展会议国际商会多式联运单证规则》（*UNCTAD/ICC Rules for Multimodal Transport Documents* 1991）都涉及多式联运当事人的责任制度规定与特点。本章试图解决两个问题：一是《1980年多式联运公约》从制定至今已有40年了，但至今未能生效的原因。二是之后的《鹿特丹规则》对于之前的海运公约、多式联运公约而言，有哪些承继与不同，对多式联运立法有哪些启发作用。

第五章是对多式联运经营人责任制度的立法考量。对美国、德国、韩国、日本、东盟等国家或地区立法中，有关多式联运的立法状况进行研究，总结不同国家对于经营人责任制度的规则趋向，以及有关多式联运立法的完善程度和各国对于国际公约的借鉴情况。各国由于国情不同，所产生的对于多式联运立法的需求不同。本章还探究了我国多式联运相关立法模式是否与国际接轨，应如何制定我国的多式联运法律规范，并研究了在"一带一路"倡议的指导下，国家对于多式联运立法的政策支持，并就我国现行《海商法》中关于多式联运的规定，提出进一步完善的建议。

关键词：多式联运　多式联运经营人责任制度　多式联运促进法　海商法修改

ABSTRACT

Chapter 1, the standardization of container brings about the huge development of multimodal transportation, which leads to the change of the mode of transportation. With the development of container multimodal transportation, the volume of freight transportation increases significantly, which further increases the scale of port and the mode of port station construction. Multimodal transport has injected new vitality into improving international trade efficiency and security, as well as the further prosperity and development of the international economy.

Chapter 2, describes the relevant concepts of multimodal transport, what is the multimodal transport contract, multimodal transport is involved in major parties, and the important points of controversy and disputes in the case of multimodal treatment, application of law, understand the multimodal transport related legislation requirements, make theoretical groundwork for the discussion of expansion.

Chapter 3, the constitution of responsibility system and the types of the multimodal transport operators' responsibility system. Considering Multimodal transport operators' period of responsibility, basis of responsibility, amount of limitation of liability, litigation of actions under international multimodal transport conventions and rules. Makes comparative analysis of respective characteristics and advantages in different rules, to summed up a complete system of multimodal transport operator liability rules system.

Chapter 4, is mainly on thoughts of the legal norms of the international multimodal transport parties liability system. The characteristics of *Multimodal Transport Document* 1973, Unified Rules for Multimodal Transport Documents 1991. Since the

United Nations Convention on International Multimodal Transport of Goods 1980, cames out, nearly forty years has been past, why does it not come into effect. After the enactment of the Rotterdam Rules, what are the differences and differences between the previous maritime conventions and multimodal transport conventions, and what are the inspirations for multimodal transport legislation.

Chapter 5, is about the legislative consideration of the liability system of multimodal transport operators. From the domestic law of USA and Europe, South Korea, Japan and ASEAN countries in the study of legislation relating to multimodal transport, the understanding of different countries for the trend of responsibility system and the relevant rules, the degree of perfection of the legislation of multimodal transport, countries for reference degree rule in international convention, due to different national conditions generated for the different needs of the multimodal transport law. Explore the related legislation mode of multimodal transport in china. If we are in line with international standards, how should we formulate the legal norms of multimodal transport in domestic laws. According to the national strategic "The Belt and Road", explore national policy for multimodal legislative support, until now, has formulated the rules of achievement. China's maritime law and practical circles have the desire to revise the Maritime Code of China and the reform points and suggestions in the current maritime law of our country.

Key Words: Multimodal Transport, Responsibility System of Operaors, Multinodal Transport Promotion Act, Perfecting Maritime Law

目 录

引　言

一、问题的提出

从帆船运输、杂货船运输，到而今的集装箱船运输，运输方式发生着变革。从船到船、港到港，直至门到门，贸易方式也在革新。运输过程不再局限于海运一个运输区段的现状，多式联运这一运输方式出现了。在《海牙规则》（全称为《统一提单的若干法律规定的国际公约》）问世前，由于供需关系，承运人高举"契约自由"的旗帜，除了享有收取运费的权利外，几乎不承担任何责任。由于当时美国运力不足，对外贸易主要依赖他国，所以比较重视保护货主利益。1893年，美国颁布《哈特法》，规定承运人至少应当承担谨慎处理船舶适航和管货的最低义务。1924年，《海牙规则》参照《哈特法》的精神，规定了承运人的最低义务，改善了承运人滥用免责条款的状况，缓和了承托双方的利益冲突。

1931年《海牙规则》生效以来，公约中关于承运人的责任制度，得到了国际社会的广泛认同，但是随着国际运输与全球贸易的不断发展，这些责任制度也逐步暴露出很多问题。比如，适用范围不够广泛；规则难以适应集装箱运输时代的发展要求；在海运风险分摊方面，比较有利于承运人；伴随着海运技术和通信技术的发展，航运危险已经得到相应控制，在风险性降低的大背景下，承运人驾驶和管船的过失免责日益受到指责；等等。为解决这些问题，国际海事委员会（Comité Maritime International, CMI）决定对《海牙规则》进行修订，于1968年通过《维斯比规则》（全称为《关于修订统一提单若干法律问题的国际公约议定书》），虽然《维斯比规则》对于平衡船货双方的利益起到了些许作用，但是并未动及《海牙规则》的根本制度——承运人不完全过失责任制度。所以，很多发展中国家以及代表货物利益的发达国家认为，从根本上修改《海牙规则》的目的并未实现。因而，《维斯比规则》与《海牙规则》并称为《海牙—维斯比规则》体系。20世纪70年代，随着第三世界的兴起，《海牙—维斯比规则》体系的航运制度更加受到代表货主利益的发展中国家的谴责，要求废止"航行过失免责"制度的呼声高涨，终于在1978年通过了《汉堡规则》，取消了"航行过失免责"制度，加大了承运人的责任，纠正了《海牙—维斯比规则》体系对船东的偏袒。

1980 年通过的《联合国国际货物多式联运公约》简称为《1980 年多式联运公约》。该公约的生效，需要 30 个缔约国的批准。然而，至今只有 13 个国家加入。《1980 年多式联运公约》至今未能生效①。为应对并协商全球范围内多式联运领域的法律问题，在 CMI、联合国国际贸易法委员会（UNCTRAL）等的共同努力下，《鹿特丹规则》于 2008 年 12 月 11 日通过。为什么《1980 年多式联运公约》至今不能生效？之后《鹿特丹规则》的制定与产生有哪些特点？这些对于多式联运立法有没有新的启发意义？我国应该对当今世界有关多式联运的国际公约持何种态度？国际立法实践对于我国《海商法》的修订有哪些借鉴作用？本书将以多式联运经营人的责任制度为切入点，通过梳理国际公约中相关规定的演变，探讨这些问题。

二、本课题的研究现状

随着运输方式的转变、集装箱运输的发展，国际货物运输方式已经不再局限于单一形式，多式联运的运输方式变得不再陌生。当今世界，专门针对多式联运的有两大民间规则：《1975 年单证规则》（全称为 1975 年《多式联运单证统一规则》，*Uniform Rules for a Combined Transport Document 1975*）；《1991 年单证规则》（全称为 1991 年《联合国货物和贸易发展会议/国际商会多式联运单证规则》，*UNCTAD/ICC Rules for Multimodal Transport Documents 1991*）。

关于多式联运的两大国际公约分别为《1980 年多式联运公约》和《鹿特丹规则》（全称分别为 1980 年《联合国国际货物多式联运公约》，*United Nations Convention on International Multimodal of Transport of Goods 1980*；2008 年《联合国全程或部分海上国际货物运输合同公约》，*United Nations Convention on Contracts for the International Carriage of Goods Wholly or Partly by Sea 2008*）。然而，两公约至今迟迟不能生效，这让人心生疑问。

2017 年 9 月 18 日，交通运输部法制司司长魏东在海商法年会上表示，几乎可以说《1980 年多式联运公约》是不会生效了。集美大学法学院的丁莲芝老师，在其博士毕业论文中，将其称为"生效无望的公约"。丁莲芝认为《1980 年多式联运公约》不能生效的主要原因是：第一，在生效条件上，需要 30 个缔约国的批准，才能够产生效力。第二，该公约大大加重了多式联运经营人的责任。第三，在航运实务界，货方不能够从该公约的条文中，看到

---

① United Nations Treaty Collection ［EB/OL］. https：//treaties. un. org/Pages/ViewDetails. aspx？src = TREATY & mtdsg_no = XI – E – 1 & chapter = 11 & clang = _en.

自己的利益期待，并不清楚该公约将会带来的影响，因此无法得到支持。第四，联合国贸易和发展会议并不适合制定《1980 年多式联运公约》这种性质的公约。杨运涛在其博士论文《国际货物多式联运法律关系研究》中，将《1980 年多式联运公约》与《1975 年单证规则》中赔偿限额的规定进行了对比研究。

对于《鹿特丹规则》，国际上的声音并不统一。在国际组织中，以国际商会为首的一部分国际组织，支持并积极倡导世界各国加入《鹿特丹规则》，从而促进国际多式联运过程中当事人责任制度的统一。但也有以欧洲货代运输与清关协会为代表的一些国际组织认为，《鹿特丹规则》的内容过于庞杂，而且有关无单放货的规定，将加大国际多式联运过程中的货损风险，从而反对各成员国加入《鹿特丹规则》。

国际多式联运公约能够生效的根本原因在于其责任制度可否被世界各国所普遍接受。本书主要研究对多式联运全程负责的多式联运经营人的责任制度，需要以现有国际规则与各国立法实践为研究基础，探究适合我国的多式联运经营人责任制度与立法模式。多式联运的发展与我国构建海运强国、"一带一路"倡议等息息相关，这些也是完善多式联运立法的指引方向与意义所在。

三、本书希望解决的问题

第一，研究《1980 年多式联运公约》制定至今已有 40 年但一直未能生效的原因。

第二，《鹿特丹规则》的规则创新及价值。

第三，国际社会对于多式联运经营人责任制度的立法趋势。

第四，通过研究上述问题，达到完善我国有关多式联运经营人责任制度立法的目的。

四、本书创新之处

第一，本书涉及与多式联运建设相关的热点问题，比如，多式联运对于发展我国"一带一路"倡议的作用，国家对于多式联运建设的最新政策。

第二，多式联运立法的完善，需要以多式联运自身建设的发展为基础，而在多式联运中，对于单一运输模式衔接的关键，在于多式联运的港站建设。本书列举了我国一些港口的多式联运发展现状与建设特点，多式联运港站的建设，应当以当地原有运输网络为基础，节省成本、因地制宜，最大限度发挥地区优势。

第三，全书主要采用比较分析的研究方法。比较我国多式联运与外国多式联运建设与立法中的不同之处，借鉴其中适合我国国情的先进理念；通过对比现有国际公约与民间规则中关于多式联运经营人责任制度的规定，分析多式联运经营人责任制度的国际立法趋势。

第四，对完善我国《海商法》第四章第八节中的多式联运经营人责任制度，提出自己的建议；就制定《多式联运促进法》及其涉及的内容，提出一些构想。

五、本书结构安排

除了引言与结论外，本书用五章内容，探讨了多式联运经营人责任制度的全貌。

第一章，介绍国际多式联运的产生历程，以及集装箱的产生与运用对于国际多式联运发展的重要促进作用。伴随着多式联运的产生，运输模式也发生着相应的变革，统一的单证、多式联运经营人对全程货运负责的运输模式等，都与传统单一模式运输的运营模式不同。多式联运的逐步发展，带来货运量的广泛提升，这要求港站建设需要创新与转型。这不仅需要两者能够彼此衔接，满足多式联运需求的基础设施建设，也要扩大港口的吞吐能力。多式联运的产生，对于促进国际经贸的发展具有重要的时代意义。

第二章，通过阐述多式联运合同、当事人、法律适用等问题，对于多式联运的法律意义做进一步的界定，介绍什么是多式联运、多式联运的主要当事人有哪些、多式联运经营人的责任形式分类及主要归责原则，进而研究整个多式联运制度的构成要素。

第三章，通过当今国际公约、单证规则、我国国内法中对于多式联运的相关规定，对比分析多式联运经营人责任制度的异同与特点，归纳较完整的多式联运经营人责任制度体系。

第四章，对于现有国际多式联运相关规范的评析。目前，国际上关于多式联运有两个规则和两个公约。《1980年多式联运公约》是当今世界专门针对多式联运制定的国际公约，然而，从其制定至今已过去40年了，为何一直未能生效？《鹿特丹规则》"海运+其他"立法模式中的责任制度规定，对于完善多式联运立法有哪些促进作用呢？以上这两个问题是本章试图解决的问题。

第五章，面对现在尚无已生效的国际多式联运公约的现状，我国应当何去何从，如何完善多式联运相关立法？是进一步完善现行《海商法》相关规则制度，还是制定单行的《多式联运条例》？我国国内法应当对多式联运采用何种立法模式？多式联运经营人责任制度应当如何规定？这些是本章要回答的问题。

第一章　国际货物运输方式的革命

第一节　集装箱标准化造就了多式联运

国际货物贸易离不开运输。由于不同国家所处的地理环境不同，采取的运输方式也不同。当发货地与收货地之间，相隔海洋、陆地、河流等不同地形地貌时，所采取的运输方式也会发生变化。比如，中日隔海相望，货物交换只能通过海上运输的方式进行。中蒙、中朝陆上相通，可以采取铁路或者公路的方式运输。莱茵河流域各国之间，通过河道进行运输。随着国际贸易的发展与繁荣，收货地与发货地之间的经济和社会环境也更加复杂多样化，这使得发货地与收货地之间往往存在着多种运输方式。在这种情况下，贸易双方必须签订两种以上的运输合同。这样既增加了运输成本，也浪费了运输时间。集装箱的出现，可以将不同性质、不同重量、不同形状的各种货物，装在统一标准的集装箱内。多式联运是集装箱出现后的产物，它是现代化的综合运输方式，把海运、陆运、航运等结合在一起，为客户提供货物"门到门"的运输服务，并由多式联运经营人对运输全程负责。这种运输形式的出现，极大地促进了运输效率的提升，将各种运输方式完美地融合在一起。多式联运之所以成为可能，得益于集装箱的标准化。

在社会不断发展的过程中，生产力水平也在不断提高，因此必须提供与之匹配的运输方式，集装箱是社会生产力发展到一定程度后出现的。工业革命之后，交通运输业迎来了发展的新高潮。在运输行业，效率低下的散货人力装卸已经被先进的运输工具淘汰，于是"组化运输"的想法开始产生。1801年，英国学者安德森认为可以采用集装箱进行运输。1830年，英国开始尝试大容器运输，主要用来运输煤炭、日用品等商品；20年后，美国铁路效仿英国的做法，将大容器应用到铁路运输中，为后来的集装箱运输奠定了基础。到了20世纪中期，集装箱在运输行业中的重要性日益突出。但是，关于集装箱的型号设计，在当时的欧洲、美洲却存在很大区别。在欧洲，集装箱一般是有钢筋的木制板箱，高4~5英尺；在美洲，集装箱通常是高6~10.5英寸的钢制箱。集装箱设计的不同，潜移默化地影响着集装箱运输的发展。

举例来说，如果一家运输公司想将一只集装箱通过轮船、火车进行运输，那么这家运输公司就必须拥有一支庞大的专门运输队伍。而欧美之间，集装箱无法跨洋运输，因为欧洲与美洲的集装箱型号不同。美国的各个铁路公司之间，甚至都采用了不可兼容的集装箱运输体系，不同的铁路公司的运输网络之间，一只集装箱无法完成不间断运输。而对于港口来说，由于集装箱型号的不统一，每家船舶公司都需要自己的装卸设备，而且不同公司之间的装卸设备无法兼容。1958 年，美国海事管理局决定统一集装箱标准，并指派专家委员会研究集装箱的标准与构造。1970 年前后，国际标准化组织开始了艰难的集装箱标准协商过程。各个利益集团之间开始沟通交流，集装箱的设计终于开始走向国际化。租赁公司开始愿意投资购买集装箱，并在数量上逐步超过了船舶公司原有的集装箱数量，几乎所有的主要船舶公司都开始使用兼容的集装箱。人们开始意识到，一只集装箱可以一路畅通地通过公路、铁路、海路，国际集装箱运输能够成为现实。

多式联运理念的诞生，可以追溯到 20 世纪 60 年代的美国，但是在当时并未受到足够的重视。到了 20 世纪 80 年代，集装箱应用十分广泛，多式联运的优势充分体现出来。同时，美国政府为了提高运输业的市场化程度，制定了大量的法律文件，降低了国家对交通运输的管制力度，多式联运和综合物流对彼此的促进作用充分发挥出来，为供应链一体化奠定了更加坚实的交通运输基础。包括《斯泰格斯铁路法》《协议费率法》《机场与航线改善法》在内的一系列法案的制定和实施，使集装箱班轮公司进一步拓展了联运路线范围，单一的提单、费率，让多式联运的效力显著提高。[1]

多式联运的发展历经三大阶段：第一阶段，20 世纪 60 年代后，伴随着集装箱运输在海运上的日益普及，原来的运输方式开始走向标准化。一些铁路公司，为了提升自身经济效益，开始与卡车公司合作，拓展自己的运输链，从而拓展自己的内陆运输市场。自 1956 年起，密苏里太平洋铁路公司开始在堪萨斯城与圣路易斯之间进行铁路集装箱运输，并且应用了很多规范化的平板车，自此之后，铁路集装箱业务开始迅猛发展。到了 20 世纪 60 年代，北大西洋上已有 28 家航运公司，这其中既有实力雄厚的大型轮船公司，也有只有一艘船的小型航运有限公司。在集装箱时代，大型轮船公司渴望以联合经营或者船舶控制航线的方式涉足每一条航线，小型轮船公司几乎没有生存空间。船舶公司拓展的业务与航线范围越广，就越能够更加高效地与世界其他跨国制造商形成更加优质的商业合作。在海上集装箱贸易快速发展的同时，

---

[1] 美国促进集装箱多式联运迅速发展的制度安排 [EB/OL]. http://www.lyccta.org/ knowledge - view - 36. aspx.

铁路集装箱贸易也在日渐繁荣。这使得大西洋与太平洋之间的贸易日趋频繁，海运集装箱也开始出现在了陆运上。为提升企业利润，陆桥运输①（Land Bridge Transport）逐渐兴起，这为日后集装箱的海铁联运奠定了良好基础。在欧洲与美洲之间，1966 年，英国和比利时开始开展海铁多式联运业务，这是全球首例多式联运跨洲贸易。② 第二阶段，20 世纪 70 年代，亚太地区的出口贸易日趋繁荣，远东地区经济发展迅速。集装箱运输的标准化，使运输成本得以降低，美洲与远东地区（见图 1 - 1）间的多式联运贸易日渐繁荣。1976—1979 年，海上运输增加了近三百艘集装箱船。20 世纪 70 年代全球海运集装箱运载能力增长了 4 倍，每年都以 20% 的增速在发展。集装箱船的总运载能力，在 20 世纪 70 年代为 190 万吨，而到 80 年代已达到 1000 万吨。第三阶段，20 世纪 90 年代以来，发达国家的制造业分工在全球进一步扩散，产品的原料地、生产地、加工地、销售地之间的运输网络日渐庞大，区域经济一体化程度逐步加深，欧盟成员国就消除贸易壁垒，构建更加开放统一的市场模式达成共识，1994 年初，美国、加拿大、墨西哥三国签署的《北美自由贸易协定》开始实施。这在贸易合作的思路上，进一步打开了多式联运市场的网络布局。

图 1 - 1　远东地区

20 世纪 80 年代，我国开始学习并应用国外的集装箱技术。最初交通部在湖北宜昌开始这方面的尝试，并成立了四家集装箱生产工厂。在引进集装箱制造技术的同时，也引进了一个理念——"标准化"，这使得我国的多式联运在集装箱标准化的基础上发展起来。而今，我国已经成为全球集装箱制造中心与航运中心。以中集集团（CIMC）为例，它拥有数十个位于我国重要港口

---

① 刘秉镰，林坦. 多式联运发展趋势及我国的对策研究 [J]. 中国流通经济，2009（19）.

② 多式联运发展经历三个阶段 [EB/OL]. http：//market. chinabaogao. com/jiaotong/1021254OH016. html.

的集装箱制造基地。在供应商的技术支持下，具有完全自主的知识产权。经由这里制造的产品，涉及干货箱、冷冻箱、特箱、模块化建筑、地板五大种类，产品遍布欧洲、美洲、亚洲等主要物流区。① 自 1996 年起，中集集团的产品销量始终处于世界领先水平，并于 2007 年成为全球集装箱制造业第一家产量超过 200 万标箱的企业。未来，中集集团将始终秉持"安全、绿色、智能、环保"的理念，不断推动集装箱制造业的升级。②

集装箱运输对多式联运的组织和建设非常有利，因为在运输过程中不需要随着运输方式的转换而拆卸箱内的货物。直接装换集装箱的方法，使换装效率得到了提升，在运输方式的转换上，集装箱运输具有充分的优势。集装箱的高效、可循环使用，是成功进行多式联运建设的关键所在。清华大学学者刘大成指出，以集装箱循环共享为创新点，加大多式联运在整个社会的货运量占比，建设由第三方运行的成本低、效率高、具备可追踪性的集装箱共享平台，是多式联运体系的建设重点。"共享经济"是当今行业创新发展中的突出成就，以美国优步（Uber）公司的"互联网＋交通"为例，将闲置的单车资源与无车的用户建立对接关系，以市场之手优化资源配置，既避免了单车的浪费，又满足了无车用户的实际需求。同样地，在多式联运的建设与发展中，集装箱也存在类似的供求环境。可以通过第三方企业建立标准化的集装箱通用平台，以较低的价格供铁路公司、公路公司、船舶公司、货代公司等使用或者租赁。通过网络信息平台，实现集装箱供应点的合理分布，管理空箱的集散。如此，不仅可以降低集装箱供应点的建设与维护支出费用，还可以减少集装箱的周转成本。③"共享经济"的发展模式，将更能促进集装箱标准化的发展进程，并更好地发挥集装箱标准化为多式联运建设带来的推动力。

集装箱多式联运的优势，主要体现在这些方面：效率高、方便、成本低、安全性有保障，这对于未来的货运发展大有帮助。2017 年 4 月，国家发展改革委连同多个部门还有企业共同制定了《"十三五"铁路集装箱多式联运发展规划》。根据这一文件，我国会以铁水联运、国际联运为中心，打造多个多式联运的示范性工程，旨在到 2020 年，搭建完成全程服务的铁路集装箱运输系统。在运输通道方面，充分利用公路、铁路、水路等现有的运输渠道，打通运输的阻碍；研究并建设双层集装箱运输通道，在满足高要求的通道中，实

---

① 邹银河. 中集集团股票分析 [J]. 经营管理者, 2011 (4).

② 我们的业务 [EB/OL]. http：//www. cimc. com/index. php? m = content & c = index & a = show & catid = 36 & id = 1.

③ 刘大成. 集装箱共享才能真正实现多式联运 [EB/OL]. http：//news. china. com/finance/11155042/20170627/30847028_1. html.

施双层集装箱班列；落实"一带一路"倡议的相关要求，将国内运输通道和国外通道连通起来。优化集装箱场站分布，加强多式联运不同运输区段之间的衔接。预计到 2020 年，国内铁路货运的 20% 都将通过集装箱运输，同时，集装箱铁水联运运量将按照 10% 的幅度逐年递增，每年中欧之间将往返火车5000 列。应用债券、股票等融资方式，引导金融机构为多式联运经营企业提供更有力的支持。加大计算机技术的运用，比如，大数据、物联网、云计算等。从"互联网＋"着手，结合多式联运的特点和要求，开发并应用更多的信息化产品。在信息技术应用范围日益扩大的过程中，跨界金融持续深入，运输组织形式会因此而焕然一新。①

第二节　多式联运引发运输模式的变革

第一，多式联运以集装箱货运为主，因而具备集装箱运输的特点。集装箱具有坚固性、密封性的特点，这本身就可以构成一层包装。货物装进集装箱运输，就意味着其本身的包装可以相对减弱，这样可以节省大笔货物在运输包装上的开销。对于理货工作来说，由于集装箱在通过海关后一次封箱，到达目的地之前不再开拆，这样减少了大量的理货工作，也减少了货物毁损、丢失的可能性，减少了资源浪费，深受货方与运输公司欢迎。我国有关于铁路运输玻璃制品在使用集装箱运输前后的破损率统计，使用集装箱运输前的破损率在 30% 左右，使用集装箱运输后的破损率不到 5%。② 集装箱的应用，在很大程度上消除了气候对货物装卸的影响，提高了装卸效率，将运输工具非生产性使用时间控制在了更低范围内，使货物能够更快地流转。这对于船方公司来说，不仅有利于航行效率的提高，也有利于减少运输工具的成本消耗。对于港口的建设与发展来说，可以提升吞吐量，提高港口效益。③ 2013年，全球物流巨头——全球货运开通了一条连接我国西部与俄罗斯之间的"铁路＋公路"多式联运路线，起点在成都，货物走铁路抵达乌鲁木齐，从新疆阿拉山口离境，一直运输到波兰马拉舍维奇的全球货运枢纽，然后走公路抵达莫斯科，全程运输时间 20 天，比单纯依靠海运缩短了约 40 天，运输成本是航空运输的 1/6。集装箱运输，能够更好地保障货物安全，运输保险的费用支出也会减少。传统的运输方式常常会面临装卸次数多、劳动力消耗大、运转周期长等问题。集装箱运输方式的出现，极大地提高了单位运输量，降

---

① 我国发布铁路集装箱多式联运"十三五"规划 [EB/OL]. http：//news. 163. com/17/0602/11/CLU2LMV400018AOP. html.

② 国际集装箱运输与多式联运 [EB/OL]. http：//www. docin. com/p－264894015. html.

③ 吴建国. 班轮公司集装箱配备总量研究 [D]. 大连：大连海事大学，2011.

低了运输过程中装卸的频次，实现了更高的运输效率。机器装卸，也大大解放了人力劳动。集装箱的标准化运输，使得多式联运港口、场站，具备全机械化、全自动化的建设条件。

多式联运作为一种综合性运输形式，在收获高效益的同时，也要求高度的投入与协同。比如，在运输设备方面，货运方式上必须在前期投入更多的资金；在港口建设方面，需要打造专门的泊位设施，以及相应的操作台、货场等港口设施；在多式联运的内陆场站或者内陆设施上，需要投资建设或改造适应联运需要的交通设施。在多式联运的建设上，需要充分的资金投入来保证集装箱化的推行。多式联运涉及的运输方式多、运输环节多，是一个复杂的综合运输系统。这其中包含海运、陆运、空运、港口、场站、海关、商检、货代等多个环节与部门。任何一个环节与部门之间，都需要密切合作，才能够保证全套运输系统的功能效益，任何一个环节衔接不当，都会影响运输全局，甚至导致运输不畅或中断。多式联运的建设与发展，对于整个运输链上各个部门、环节的相互协同合作，提出了更高的要求。多式联运对于资金、技术、管理等方面都有着很高要求，也需要相应领域的专业人员投身其中，进而更好地发展这种具有现代化特点的综合性运输形式。

第二，多式联运涉及两种或更多运输方式，至少需要进行一次运输方式的切换。这就意味着多式联运首先不同于单一模式的运输，必须包含多种运输模式，单一的海海相连、路路相连、空空相连是不行的；再者，多式联运并不是简单地包含各种不同的运输形式，而是需要不同形式的运输之间保持连续性、无缝衔接。这体现出多式联运这一运输模式的两大特点：一是可以汲取不同单一运输模式的长处；二是可以体现"门到门"运输的优越性。水路运输的长处是成本低、投资少、机动灵活，运输可以依赖天然河道、湖泊等。公路运输的优势在于公路网络覆盖范围广，运输工具的调度、装运不受时间影响，能够运输到地势不平坦、其他运输方式无法抵达的地区。铁路运输的优势在于单次运输容量大、成本低廉、适用于不同货物，只有极其恶劣的天气才会导致停运。航空运输的长处是比较能够满足鲜活、贵重、精密等特殊货物的运输要求，具有很好的服务性、国际性。海上运输的长处是运量大、成本低，相对不受轨道限制，通运能力强，伴随着市场环境、自然条件等因素的变化，可以及时调整运输计划。多式联运是当今国际贸易中的主要运输形式，它可以融合所涉及的所有运输模式，优势互补，在发挥各大运输优势的同时，更好地服务国际货运。多式联运从根本上改变了单一运输模式，综合运输网络的搭建，为"门到门"运输服务提供了基础。

第三，多式联运全程采用一个合同、一份单证、一次付费。若非多式联运，立约方就要为每一个单独的运输区段签署独立的合同，手续较为繁杂。

多式联运的诞生，从根本上解决了这一问题。关于这一特征，国际规则与各国立法中都有所强调，在本书第二章中会做详细探讨。多式联运的本质在于其运输的全程统一性、连续性，为了方便运输、避免因使用多重单证，多式联运的运输单证采取一单到底的形式。经营人提供单证给托运方，后者根据这一文件接受或转移货物。对于收货方来说，只需要多式联运单证就可以收取货物。在实务中，多式联运单证的使用，使得货物在历经不同运输方式的过程中，避免了重复核对、分类、检查、开装等过程，大大提高了运输效率。

多式联运的实质在于，这是一个统一的运输过程。整个过程只签发一份单证，可证实多式联运合同及多式联运运营者收到货物且负责根据相关运输合同约定进行货物交付。某种程度上，多式联运单证是货物交付的一种有力证明，从另一个角度而言也是货物所有权凭证。那么，多式联运单证是多式联运不可或缺的组成条件吗？其实，多式联运单证只具备证据效力，为货物收据与权利凭证，但是并非多式联运内容自身。多式联运最为本质的组成要素为运输形式、运输责任人及其合同。所以，多式联运单证并非多式联运不可或缺的组成部分。

第四，多式联运的经营者，应当对货物运输全程负责。在现实运输中，不管货运整个过程牵涉了哪几种运输形式，包含哪几个不同运输区段，整个货运全过程均由多式联运运营者负责组织。这也是多式联运中最为重要的一个理念，当事人间不能采取合同约定的方式清除多式联运运营者的这一项责任。一旦出现货物毁坏、丢失以及延期交付等问题，货方仅需追责于货物运输整个过程中的多式联运运营者即可，不需要向别的区段承运人追责。多式联运运营者就算把整个运输过程抑或一部分事实转包至各个区段的承运人，也不可排除自身对于整个货运过程的责任担负。

多式联运以各个独立的传统运输方式的成熟发展为先决条件，是运输业发展至今的高级形态，也是未来物流全球性创新发展的重要方向，它是全球供应链得以形成的运输基础，是精益效能的 JIT（Just in Time）——准时制生产方式在物流运输中的具体体现。多式联运是国际合作的产物，它应当孕育在统一、规范、开放、健康的市场环境中。多式联运是减少社会运输资本支出，提高物流效率与优化运输体系及发展绿色物流的重要载体，也是国家整体运输实力最为集中的表现。多式联运促使各个运输方式之间优势互补，以最佳路线、最短时间、最高效率、最低成本、最大安全保证货物运输，有利于优化资源配置与改善投资环境。多式联运这种高级运输组织方式，不仅具备整合各种运输形式的能力，还能采取"门到门"无缝衔接方式极大地提升运输效能，毫无疑问切合了商品时代个体需求，也是市场经济全球化发展的必然趋势。

第三节　多式联运促进国际贸易的发展

一、多式联运提高国际贸易的效率与效益

国际贸易涉及多个运输环节，一般来说，货物会历经从出厂到海关检验点从海关检验点到港口、从港口再到下一个海关检验点最后到达货场或者市场，中间环节不仅流程颇为麻烦，费用也很可观。由于冗长的货运时间，很容易错过市场时机，因运输效率低下而产生的延迟交付、货物毁损、退货罚款、信誉受损等问题层出不穷。在国际贸易中，市场效益十分重要，商品能否保证销售期处于销售旺季、货物的流通能否跨越市场的时间差、地域差，货物能否按要求准时交付，是商家需要考量的重要问题。由于多式联运以集装箱运输为主，集装箱的标准化，使得运输过程中，不需要开箱拆箱，减少了不必要的人力支出，缩短了货运时间，提高了国际贸易过程中的货运效率。多式联运的产生，使得海运、陆运、空运等多种运输连成一体，因其运输高效而风靡贸易强国。运输全程一票到底、一次托运、统一收费，使得这种运输形式深受商家欢迎。此外，由于多式联运提高了运输效率，所以能够确保国际贸易过程中仓储的充分利用。[①]尤其是现代电子商务、互联网技术在国际多式联运中的使用，为国际贸易的发展注入了新的加速剂。

二、多式联运增加了国际贸易的安全性与准确性

多式联运采用一个运输合同、一份运输单证、一次运费给付。多式联运经营人对于全程运输负责，对于货方来说，这省去了烦琐的多段运输合同、单证的签署、签发，以及多番运费给付，规避了其中很多不稳定因素。多式联运以集装箱运输为主，避免了运输过程中开拆封箱可能产生的损失。多式联运的发展，需要公共信息平台的有力支撑，从而提高对货运的检测、管控，保证国际贸易的交易安全与准确。目前，国际方面正致力于大陆桥物流联盟公共信息平台的打造工作，这是中俄、欧洲以及朝鲜、日本、韩国等国家和地区国际铁路与多式联运等行业一同打造出来的电商服务平台。此平台的建设目的是，打造服务于"一带一路"的物流通道，搭建路桥运输合作平台，提供欧亚大陆桥国际铁路集装箱运输的信息，提高运输行业的自律能力，分享最佳运输方案，整合现有的国际行业信息平台，为国际贸易的发展提供更

---

① 刘晓烨．连续 4 年超过 GDP 增速，多式联运成美国贸易的增长催化剂［EB/OL］．http：// www. cnautonews. com/xwdc/201602/t20160223_449150. htm.

加广阔的商机。这一信息平台的搭建，更加体现了多式联运对于未来国际贸易发展的贡献。[①]

三、多式联运促进港口经济革新

港口是国际贸易发展的基础，多式联运的高效率运力是加强港口运作力十分重要的一个要素，可以极大地提升港口经济效益，提高货运通关率，带动港口基本创建优化。国际贸易的货运周期缩短，会引发运输机制的变革，这样新的运输管理方式会应运而生，促进港口经济革新。港口和内陆多式联运创建连接方面，施行多通路、方向与运输的发展模式，以此促使多式联运线路及其运输节点持续更新。欧洲希望充分发挥天然河道的运输作用，推动连接德国、荷兰、比利时、法国的海港与内河运输网；美国为解决港站货物堆积，促进港口经济发展，未来将增加在大功率火车、双层集装箱运输方面的投入，建设双轨铁路、增设多式联运配送中心。依照国际国内规模较大港口多式联运机制筹建经验，港口多式联运组成与联运路线地理位置布局及整体规划，由港口及其经济腹地联系方向、规模以及运输长短与货物组成等决定。由于各个港口的现实情况不尽相同，在多式联运的建设方式上，也应当各具特色，多式联运的革新方向应当与该港口自身及其周边经济腹地的特征与需求相符合，更好地服务国际贸易。

四、多式联运为国际贸易的发展注入新活力

多式联运需要合理分工、分类共建，最终形成符合产业生产、区域消费需要的专业化、多形态的综合运输系统；需要运输产业、信息技术产业、服务产业等多方面的精密合作，优化交通基础设施与机械设备的布局配置，充分利用已有的运输网络，融合现代信息技术与服务业的创新理念，实现不同运输方式之间的无缝对接。多式联运的建设过程，将使得国际供应链、产业链、价值链之间，发生新的匹配、整合，在标准化、一体化的进程中，激发出新的经济增长点，促进国际贸易发展。运输、物流、信息、金融、装备、制造等多方面的跨界合作，将促使国际贸易的拓展、增值。[②]在国际贸易中，多式联运能够推动交通与物流的和谐发展，促使产业转型升级。伴随着多式联运的发展，世界性的产业分工、转移将改变世界的经济秩序与平衡。多式联运也将引发新的国际贸易规则的探讨，引领国际贸易新秩序。

---

① 大陆桥国际运输研讨会暨"一带一路"国际多式联运峰会官网 [EB/OL]. http://www.landbridgenet.com/2016fhjs.html。

② 樊一江. 推广"一单制"构建多式联运系统 [EB/OL]. http://www.ceh.com.cn/ep_m/ceh/html/2016/12/10/B03/B03_49.htm.

第二章 多式联运的法律界定

第一节 多式联运合同

一、多式联运合同的内容

多式联运合同，由托运人和经营人共同签署，合同规定了双方在多式联运过程中的权利与义务。《1980 年多式联运公约》指出，多式联运合同是识别多式联运法律关系的重要依据，并明确提出，多式联运业务必须签署多式联运合同，对缔约双方的权利义务关系进行约定，按照合同的要求，经营人负责全程运输，托运方一次性支付运输服务费用。而《1991 年单证规则》则指出，多式联运合同中必须明确约定两种或更多的运输方式。而《海商法》则将多式联运合同界定为：通过海运和其他的运输方式，完成货物在两地之间的转移，并一次性收取费用的运输合同。当前，国内水运法律规范应用的是双轨制，若发货地和目的地的港口都位于国内，也就是沿海货运和内河货运，则不属于《海商法》中提到的海上货运范畴。相比来看，《合同法》中阐述的多式联运指的是采用多种运输方式，并未对具体的运输方式进行限定。

在实务中，关于多式联运合同的认定有三种主要情形。第一，多式联运这一运输方式在多式联运合同中的体现。在鉴别多式联运合同性质时，通常都会考虑到运输形式的界定这一问题。若合同并未对运输形式进行阐述，那就很难认定合同的性质。从缔约的任何一方来看，如果合同内容明确了将使用哪些运输方式，这样就能够为识别、预防运输风险及办理保险提供更有力的依据，这对权利义务的分担是非常有利的。第二，若双方缔结的是单式运输合同，然而在运输的过程中，承运人却应用了两种或更多的运输方式，这会不会改变合同的性质，使其变成多式联运合同？针对这一问题，通常会这样界定：若托运人对最终的运输方式没有异议，证明其默认并接受了运输方式的改变，此时的合同属于多式联运合同；否则，就应该断定为单式运输合同，并且承运人作为违约方，需要承担一定的责任。第三，如果缔结的是多式联运合同，然而承运人在运输的全程范围内仅仅采用了一种运输方式，此时双方承担的权利和义务，依旧可以根据多式联运合同内容划分。①

二、多式联运合同的当事人

多式联运合同的双方，是提供运输服务的经营人，以及需要运输服务的托运人（或发货人）。按照《1980 年多式联运公约》的相关规定，发货人是指自身或委托他人和经营人缔结多式联运合同的一方。《1991 年单证规则》认定的托运人，指的是和经营人缔结多式联运合同的一方，我国《海商法》也套用了《1991 年单证规则》中的这一条款。按照《1980 年多式联运公约》中的相关条款，多式联运经营人，指的是和托运人签署多式联运合同的另一方，其主要责任是向对方提供多式联运单据，以及对从接货到交货整个运输过程负责，货物毁损、不按期交货的责任都由经营人承担，如果经营人将部分运输服务委托给第三方，出现上述事故后，第三方难辞其咎，其与托运人之间并未形成任何法律关系。② 按照《1973 年单证规则》的相关内容，经营人指的是提供多式联运单证的一方，若某一国的法律明确指出，只有得到授权的企业才有资格提供单证文件，那么多式联运经营人指的是具有此类资格的主体。③《1991 年单证规则》中规定，多式联运经营人指的是作为承运人签署多式联运合同的一方。承运人是提供运输服务的人，它的范围比经营人更为广泛。收货人指的是经营人将货物交予的一方。《海商法》指出，多式联运经营人指的是本人或派遣代表和托运人签署多式联运合同的一方。通常情况下，经营人都是海运承运人、货运代理人等。

从经营人对海上运输参与程度的角度来看，包括两种类型，即有船经营人、无船经营人。前者能够提供海上运输服务，有时会将陆上、空中区段运输任务委托给第三方完成；后者可以进一步分为海上承运人之外的人，或者是并未拥有运输工具的货运代理人、报关经纪人等。两种经营人的法律地位是相同的。大多数情况下，经营人都会将部分甚至全部区段的运输任务委托给第三方，因此，一方面经营人需要和托运人缔结多式联运合同，要求对方一次性支付所有的运输费用；另一方面需要和第三方签署合同，将部分区段的运输任务委托给对方，自己则负责全程运输的统筹和协调，支付运费给对方。此时，合同当事人指的是签署合同的双方。根据《海商法》的相关内容，在多式联运中，运输的责任由经营人承担。如果经营人将部分或全部区段的运输任务委托给第三方，一旦在运输的过程中出现事故，第一责任人依旧是经营人，这种委托关系不会对经营人在多式联运合同中的责任和义务造成

---

① 贺万忠. 国际货物多式运输法律问题研究［M］. 北京：法律出版社，2002.

② 国际多式联运［EB/OL］. http：//www. lyccta. org/knowledge - view - 58. aspx.

③ 参见 1973 年《单证规则》第 2 条（c）款.

影响。

第二节　多式联运合同的法律适用

一、多式联运涉外合同

如果多式联运横跨两个或更多国家，就有可能会产生涉外合同法律适用问题。国内现行法律体系在这方面的原则是：充分尊重当事人的主观意愿，同时以最密切联系为辅。比如，按照《民法通则》的规定，在涉外合同纠纷中，如果有两部或更多法律是适用的，当事人可以按照自身的意愿选择。同样，《海商法》《合同法》也提到这一问题，并且赋予了当事人自由选择权，若当事人不行使这一权利，就应该适用和合同存在最紧密联系的法律。2007年，最高人民法院公告《关于审理涉外民事或商事合同纠纷案件法律适用若干问题的规定》，为涉外合同争议如何判决提供了有力的依据，并要求法律适用的选择和调整要通过明示的方式进行。若当事人不行使选择权，并且均对某一法律表示认可，则应该适用该法律。显然，这是一种对于法律适用选择的行为推定。如今，《1980年多式联运公约》并未开始实施，而《1973年单证规则》与《1991年单证规则》属于民间规则，不具有充分的法律效力。而在我国，涉及多式联运合同功能的法律条款主要集中在《海商法》《合同法》中。①

在法律适用这一问题上，和别的国际合同相比，多式联运合同最明显的不同之处在于，需要从两个层面来探讨和解决这一问题。第一个层面，就是上述对于多式联运合同的整体法律适用问题。第二个层面，是针对一定区段内发生的货物损坏、丢失的法律适用问题。后一个层面的问题，是多式联运合同和单一运输合同法律适用问题的主要不同点。如果在多式联运运输过程中，出现货物损失、丢失的情况，应该根据哪一部法律判定经营人应该承担的经营责任，当事人双方可以经过协商后作出共同的选择，这就是第二个层面的法律适用问题。在多式联运合同中没有约定运输方式的情况下，有观点认为不能直接认定合同无效。如果最终采取的运输方式和货物性质不相符，此时适用于和合同中的运输方式对应的法律；如果托运人不能证明这一点，就适用于和最终的运输方式对应的法律。②

针对公约适用的选择问题，当事人的选择能不能得到司法机关的认可，

---

① 郭萍．论货物多式联运合同的法律适用［J］．中国海商法年刊，2009（6）.
② 杨云涛．国际多式联运法律关系研究［M］．北京：人民交通出版社，2006.

主要受到后者所在国法律和司法实践的影响。如今，我国签署了部分早已开始实施的单一国际运输方面的公约，主要有《海牙议定书》《蒙特利尔公约》等；还有一些已经开始实施但我国没有签署的，主要有《海牙规则》《维斯比规则》《汉堡规则》等。通过分析上述公约文件内容可知，其中有部分公约提出当事人可以按照自身的意愿选择全部或部分适用；部分公约强制规定适用，禁止进行排除性规定。当事人的选择，是否被法院认可、接受，要看各国的国际私法规则。若法院所在国签署了公约，那么适用于公约是没有争议的，否则法院没有义务以该公约为依据做判决，在这种情况下当事人选择公约能否得到批准，主要由法院所在国的相关法律条款和司法实践所决定。

二、国内多式联运合同

《海商法》第二条第二款虽然对于海上货运合同作出了相关说明，但其相关规定不适用于各个港口间所开展的货运活动。在实际运输中，各个从事港口海运的行为主体，应依据《合同法》来调整相关的合同内容。若是可以明确货损产生区段的，那么多式联运经营人可以借助于适用于此区段运输要求的法律来明确各个主体的法律责任；若是无法明确货损产生区段的，那么需要依照《合同法》第十七章运输合同的相关规定加以操作。就国内而言，还没有出台一部专项法律来系统阐释各种运输方式下经营人的责任判断问题，对于此类问题的解释只是散见于各个规章制度。如《汽车货物运输规则》集中规定公路运输问题；《铁路法》《铁路货物运输规程》则主要关注铁路运输；《国内水路货物运输规则》《关于不满 300 总吨船舶及沿海运输、沿海作业船舶海事赔偿责任限额的规定》主要关注的是水路运输；《民用航空法》《国内航空运输承运人赔偿责任限额规定》集中于航空运输领域。

就多式联运运输方式而言，我们若想明确各个经营人的法律责任，就应该努力做到如下几点：第一，需要借助于明确多式联运合同属性的方式，梳理各个经营人之间的复杂关系。第二，确定经营人的身份，合同必须对经营人的权责范围进行划分。第三，开展具体运输工作的承运人应该和多式联运经营人间签署相关的分合同，但是需要注意的是，分合同的签署不会对多式联运合同产生影响，也就是说，经营人的责任和义务不会被改变。

【案例 2-1】2008 年，泛海公司因不服多式联运合同纠纷案的原一审判决而提起上诉。原审认定，2005 年 8 月中旬，S 鞋业公司经联强公司提议，委托泛海公司运输一集装箱货柜，自温州出发经宁波至莫斯科。三公司通过签订"运输代理合同"，对货运方式、付款方式、运输期限、检验报关、货损货赔、指定收货人等作出书面约定。货物运至目的地港口汉堡港后被提取，且此后去向不明，S 鞋业公司在莫斯科的收货人不曾收到涉案货物。为此，S

鞋业公司于 2007 年诉称，泛海公司、联强公司在其不知情的情况下转运货物给航姆公司，应当承担由此造成的损害赔偿责任，并且要求联强公司、泛海公司承担多式联运全程运输方式所应承担的货损连带赔偿责任。一审法院指出，按照三家公司达成的"运输代理合同"中的相关内容，这一案件中运输服务由若干区段构成，属于多式联运，合同对各方的权利义务进行了说明，泛海公司扮演的是无船承运人的角色。经查证，泛海公司与航姆公司之间所约定的运输范畴不涉及温州至宁波的内陆区段运输，因此泛海公司将其合同中全部的权利义务转让给航姆公司的诉称并不成立，航姆公司不是本案中的多式联运合同当事人。泛海公司在承运过程中所为的报关行为、对各运输区段业务的分别处理，并不影响其无船承运人身份的成立，泛海公司与其他方发生的法律关系应该另案处理。货损认定方面，在 S 鞋业公司、联强公司、泛海公司之间的合同中，约定货损赔偿额为 35000 美元/货柜，故本案以此为认定标准。三公司之前的多式联运合同真实有效，泛海公司在履约过程中，未经 S 鞋业公司同意，转让部分权利义务于航姆公司的行为属于效力待定。S 鞋业公司作为货运委托方，有权向承担运输义务的合同相对方主张货物灭失的赔偿责任。其他两家公司未能及时地将货物交予 S 鞋业公司，违反合同中的义务，因此需要承担违约责任。联强公司、泛海公司、S 鞋业公司都是中国境内企业而且并未提供本案境外运输区段所涉及的外国法律赔偿责任的有关规定，所以本案依据中国法律处理。按照《海商法》第一百零四条、《合同法》第三百一十二条及第三百一十八条的相关阐述，运输整个过程由经营人负责，如果其将某些区段委托给第三方，则意味着该区段的权利义务被转移出去，不过经营人依旧是第一责任方。泛海公司对一审判决不服，提出上诉。泛海公司认为，其转委托给航姆公司的行为应当有效，因此航姆公司可以构成适格被告，S 鞋业公司的起诉超过了我国《海商法》一年的诉讼时效。航姆公司认为，一审中 S 鞋业公司根据多式联运合同而向泛海公司和联强公司主张权利，已经放弃了对航姆公司的权利主张。联强公司并未对一审结果表示质疑。二审法院指出，一审法院将三方签署的合同判定为多式联运合同是正确的，泛海、联强两家公司承担整个运输过程中的运输责任，在该案件中同时扮演着承运人、货运代理人的角色。泛海公司只是将宁波至莫斯科段的某些业务交航姆公司承办，并不是将多式联运承运人的全部合同内容转由航姆公司承担。作为多式联运的全程承运人，泛海公司、联强公司应当依照合同约定履行基本义务。①

---

① 参见温州市瓯海劳莱斯鞋业有限公司与浙江中外运有限公司宁波泛海分公司、宁波航姆国际船舶代理有限公司等多式联运合同纠纷（由铁路法院受理）、多式联运合同纠纷（由海事法院受理）二审民事判决书，（2008）浙民三终字第 70 号。

国内各法院在处理有关多式联运方面的纠纷时，通常是根据《海商法》第一百零五条来明确各个经营人在各区段的运输责任的。若是我们可以明确货物是在哪个区段出现了问题，那么就需要依据适用于此区段的法律来明确各个主体的责任。可以看出，法院是依照《海商法》的规定来处理相关的海运区段合同纠纷的，至于其他运输区段的纠纷，如陆运合同纠纷，就应该依照《合同法》来进行判断。

【案例 2-2】在和风公司与明月公司的多式联运合同纠纷案中，明月公司诉称，2008 年 4 月 14 日，两公司订立合同，将 1000 吨焦炭从天津经南非运至刚果，和风公司在货物装船后 90 日内出车将焦炭运至收货人。后明月公司于天津交付 1030.76 吨焦炭给和风公司，但当焦炭运至南非中转站后，和风公司却以油价上涨为由拒绝继续履约，要求提升运费。明月公司要求和风公司继续履行自身的职责，并且向本公司支付 10 万元的损失费用。之后，明月公司请求法院判令和风公司赔偿其经济损失约人民币 659 万元，其中包含货损、运费、保险费、税款、银行利息等。从和风公司的证词可以看出，按照合同规定，明月公司需要于 6 月 3 日以前支付四成的运输费用，但是直到 2008 年 7 月 7 日其才履行运输费用支付这一职责，之后国际油价上涨导致运费成本增加，于是和风公司要求增加运费，明月公司对此不置可否，和风公司才没有启动运输。现在油价回跌，双方应当尽快继续履约。明月公司在诉称中指出的经济损失属于明月公司自己延迟支付运费所致，应当由明月公司自负其责。然而，天津海事法院最终作出如下判决：明月、和风公司于 2008 年 4 月 14 日签署了货物运输代理合同，本合同明确强调，和风公司需要由天津港出发将对方的 1000 吨焦炭运输到刚果，由于明月公司未能及时地支付运输费用，因此所造成的损失应该由该公司承担，和风公司在装船后 90 日内确保货车到达收货人处。该年 4 月 30 日，明月公司实际交付了 1030.76 吨货物，和风公司向其出具了多式联运单，可以看出明月公司就是真正的托运人。5 月 27 日，南非海运公司将此批货物运输到本国某港口，和风公司收取后将其暂时存储在港口。5 月 2 日，明月公司支付了 50% 的运费，6 日支付了货物保险费，7 月 7 日支付了 40% 的运费，但是和风公司以油价上涨为理由要求对方支付更多的运输费用，明月公司认为其纯属"坐地起价"。一审法院认为，这是一起由多式联运合同引发的争议，在本案中，托运人是明月公司，经营人是和风公司。虽说双方签署了具备法律效力的书面合同，但该合同更多强调了托运人以及经营人间的权责问题，此外，和风公司出具了囊括陆地运输、海运各运输区段的提单，若是其未依照合同来操作，那么需要承担相关的法律责任。该公司需要按照合同的规定在指定地点交货，如果没有如此操作，那么不管明月公司是否及时地支付了费用，和风公司都无权终止履行合同。

如果明月公司确实没有给付运费，和风公司也只能以在运输目的地留置货物的方式来救济。和风公司提出了提高运费的要求，其行为属于合同变更范畴，对此明月公司是没有必要必须作出回应的。2008 年 4 月 30 日货物交付和风公司运输，依照约定，和风公司应当在 7 月底之前使第一辆货车到达收货人处，明月公司于 2009 年 3 月提出损失赔偿，和风公司延期交付了 7 个月。根据《海商法》的条款可知，若货物并未在合同规定的时限之前交予相关方，可以判定出现延迟交付行为，或收货人在时限过后两个月内依旧尚未收到货物，能够依法申请货物灭失并要求承运人给予赔偿。本案适用有关全损的法律规定，明月公司有关货损赔偿价值的请求应予支持。审判结束后双方申请上诉，在二审判决中，法院对双方所签订的合同性质进行确认，认为应当将其归于多式联运合同范畴，其中内容明确表示，货物的运输方及责任方为和风公司。本案二审期间，和风公司称货物存放在南非 D 港仓库，后和风公司证明货物已运往目的地，但始终没有提交证据证明已履行了交货义务，因此应当承担违约责任。和风公司表示，堆货存于 D 港的原因是明月公司没有按照相关约定及时完成款项的支付，法院指出，明月公司作为本案的托运方，对货物的到港时间不了解，并且按照合同，和风公司在运输的过程中，应该跟踪反馈相关的信息。尽管合同对明月公司前期所需支付的运费及支付时间作出了明确要求，即首付运费为 40%，需在 2008 年 6 月 3 日前完成支付，不过相关证据确认，和风公司对于货物到港时间以及运费的支付请求却是在 6 月 18 日才向对方发出的。明月公司在 7 月 7 日付款，这属于延迟交付行为，和风公司针对这一行为要求对方给予赔偿是合法的。承运人在合同规定的时间内可以选择留置货物，但停止运输是得不到法律支持的。关于和风公司违约责任的法律适用问题，2008 年 5 月 27 日，涉案货物中转港口 D 港，和风公司在要求增加运费无果的情形下，没有履行陆运区段的运输义务而是将货物在 D 港堆存，我国《海商法》第五十条关于延迟交付责任的规定只适用于海运区段，不能作为处理陆运阶段争议的法律依据。《海商法》的相关内容指出，对于多式联运案件而言，在判定经营人赔偿责任和额度时，首先要确定事故的准确发生地，并且根据该地区的法律进行判定。本案中，和风公司的赔偿责任限额应当适用我国《合同法》的相关规定。依照合同约定，和风公司应在 2008 年 7 月底之前交付货物，但直至 2009 年初明月公司提出赔偿请求时，和风公司仍然没有履行交付义务。明月公司在起诉时向和风公司提出了履约请求，而后者却并未配合，其行为适用于我国法律要求中有关法定解除权的相关规定，因此前者可以此为依据行使上述权利。《合同法》明确指出，当事人未能在合同约定的时限之前并且在对方的催促下依旧不能履行义务的，另一方可以申请解约。成功解约后，无须继续履行之前尚未履行的义务；针对已经履约的部分，当事人可以结合实际情况，要求对方恢复原状或给予赔偿。就本案来讲，和风公司目前负责货物的管理，交由其继续管理符合双方利益。但该公司应对明月公司的损失负有赔偿责任。对具体赔偿数额的确定可参照《合同法》第一百一十三条的具体要求，损失赔偿数额和违约行为造成的损失数额是一致的，因履约行为得到的收益，也应该算作赔偿的一部分。但如果在签订合同时对可预见的违约损失进行了确认，则赔偿数额不得高于这一数额。鉴于明月公司于2009年1月18日提出变更诉求，要求和风公司承担损失赔偿责任，二审法院判令从2009年1月18日起算汇率。一审法院以《海商法》中货物灭失的相关规定为依据，认为利息结算的起止时间存在不合理之处，要求对其进行重新判定。和风公司由于对判决表示异议，遂再次提出重申。法院认为原判决在事实判定及法律适用方面不存在问题，因此对其请求不予支持。①

决定解决纠纷法律适用的突破口在于，明确货物毁损发生的运输区段，从而区分《合同法》《海商法》的适用情形。《合同法》第三百二十一条主要规定的是赔偿责任的划分和赔偿额度，针对此类合同首先要对损失发生在何区域进行确定，如果能够确认损失区域，可以相关区域内的法律要求为参照进行判定；若对区段的界定较为模糊，则以合同的具体约定为依据进行判定。而明确运输区段，首先要明确承运人的责任期间。对发生在海运区段的货损可参照《海商法》的相关规定作出判定，反之，则应当以运输合同的具体条款为依据进行责任界定。

【案例2-3】无锡人保公司同泛亚班拿运输代理公司曾因合同纠纷对簿公堂，在二审中，无锡人保表示，2010年5月11日由于港口经营人T公司移动集装箱的行为导致集装箱与升降设备发生碰撞，货损发生时无货物交付海运承运人的初步证据，据此应当将港口经营人T公司确定为货损的责任承担方，而泛亚班拿公司是双方合同中的多式联运承运方，因明知其所承运货物价值而无权主张海事承运人责任限制；二审中判决认定货交承运人没有充分证据证明，而泛亚班拿公司作为举证责任方又无法提供证据证明，二审法院将泛亚班拿公司涉嫌伪造的订舱单复印件作为证据使用，但此单证根本无原件或经认证的文本，并不能作为单独证据采纳；二审基于货损检验报告的复印件判定货物在受损时已完成与海运承运人之间的交接，但事实上报告中并没有海运承运人的签章；既然泛亚班拿公司主张单位赔偿限额，就应对此承担举证责任，若不能提供有关证明，就应当承担因此而产生的不利后果，二

---

① 参见《北京和风国际物流有限公司与宜兴市明月建陶有限公司多式联运合同纠纷再审民事裁定书》，中华人民共和国最高人民法院民事裁定书（2011）民申字第417号。

审不应当支持泛亚班拿公司享受单位赔偿限额的主张；港口经营人T公司应对损坏货物行为承担民事责任，其行为不适用于《海商法》中有关承运人的规定，泛亚班拿公司无视法律的规定，私自伪造货代提单，是严重的违法行为，必须承担全额赔偿责任；《合同法》对多式联运合同案件中的赔偿责任进行全面的规定，如果可以证明货损事故出现在哪一区段，则依照该区段的相关法律加以判定，若无法明确区段，那么就需要按照运输合同来明确责任。就运输合同而言，现行的《合同法》第三百一十一条指出，若是由于不可抗力因素、货物本身属性问题、货方存在过错等引发了损失，承运人是无须承担责任的，本案中，泛亚班拿公司应当对货物的损毁承担全部责任；T公司作为独立的码头装卸经营者，并没有将货物交付海运承运人，其行为系自营的民事行为，而原判决将海运承运人的责任扩大到了港口经营人，也就是扩大了我国《海商法》中单位赔偿限额的适用范围，这严重损害了无锡人保的公司利益，减轻了T公司的赔偿责任。

泛亚班拿公司指出，此次货损事件出现在海运区段中，按照国内现行《海商法》的相关条款，以接收货物为起点，以货物在目的港的卸货为终点，这是承运人承担运输责任的时间范围。而对于集装箱海运合同而言，海运承运人和海运工具并非同一个概念，海运事务中，在船舶公司的指示下，拖车越过集装箱堆场闸机的一瞬间，货物就处于船舶公司的掌控中了，也就是说，此时货物就已经进入了海运阶段。海运区段的起点，并非海运提单的签发，提单只能够证明海运合同的存在，并非原本的合同，只有在无法提供相反证据的情况下，提单里面的内容才能够被当作承运人和货主在运输服务上共同意思的体现。一般来说，是海运合同在先，海运提单在后，海运的实际开始和海上货运合同的成立与生效没有必然的关联。海运实务中，单证有可能在货物装船之前就已经签发了，也可能没有在海运途中签发。根据国内现行的法律，承运人并不是必须提供海运提单的，除非托运人有要求，这意味着海运的时间起点并非提单签发的那一刻，因此无锡人保提出承运人并没有签发提单并以此为依据支撑其海运尚未开始的观点是不成立的。泛亚班拿公司主张自己提供的单证材料真实有效，无锡人保的无端否认行为有违民事诉讼中诚实信用的基本原则。据《联合货损检验报告》显示，涉案货物于约定的装船日期在向承运船舶转送货物的过程中发生损毁，而本案的关键在于货损发生于巴拉那圭港口内，货物处于港口的控制下，此次运输服务的陆运区段任务顺利完成，海运运输服务已经开始，无锡人保指出货损不是出现在海运过程中，但又不能说明货损发生的具体区段，在这样的情况下，引用我国《合同法》与《港口法》来支持自己的主张实属错误。泛亚班拿公司能够按照《海商法》的相关条款，也就是在多式联运业务中，以货物的灭失损毁事故发生地的法律为依据判定经营人的赔偿责任。泛亚班拿公司并不存在故意或明知造成货损而为之或不作为的情形，有权援引我国《海商法》中第五十六条关于赔偿限额的规定。

再审法院指出，这一纠纷的重点是发生事故时，货物是否处于海运状态，原审法院提出，应确定泛亚班拿公司享有的单位责任限制是否有足够的法律支撑。基于相关的事实和证据，法院指出，货物陆运任务顺利完成，在装货港交给了承运人，此时货物处于海运状态，因此判定货损出现在海运区段。针对法律适用问题，按照现行《海商法》的相关规定，本案是出现在海运区段的事故，应该以《海商法》第五十六条为依据判定赔偿责任，原审法院作出的判决是准确且合理的。因此，再审驳回无锡人保的再审申请。

第三章 多式联运经营人责任制度的构成

第一节 多式联运经营人责任制度的类型

一、统一责任制

多式联运经营人（Multimodal Transport Operator，MTO），在实际运输中，以一张多式联运合同、一次运输费用和一份多式联运提单，就实现对"门到门"的整个流程运输承担责任，承运人与托运人签订多式联运合同，并根据合同内容履行义务。运输时，由于各个区域采用不同的运输方法，这样法律适用范畴和需要承担的责任也会有一定的区别。在多式联运经营人责任的确定中，存在一个十分关键性的问题，即倘若多式联运时货物被损毁或者灭失，需要由哪个主体来承担责任，这要根据责任归属仔细核实，是多式联运经营人抑或是各个区域承运人，其参照的标准是统一的责任标准还是各个区域采用的法律法规，都要进一步进行商榷。责任制度的形式就是经营人对责任的承担方式，由于结构的差异，根据不同国家的法律和国际公约的规定，以理论为划分标准，可分为统一责任制（Uniform Liability）和网状责任制（Network Liability）。

统一责任制下，多式联运经营人需要对整个运输过程涉及的每个区域，都以统一的责任限额去裁定，以统一的法律当作标准去执行。多式联运合同一旦生效，统一责任制也就开始实施，其经营人就需要对整个运输过程承担全部责任，且要以统一责任制的具体内容作为参照。这种责任形式，因全程都采用统一责任规范而得名。[①]

以统一责任制作为国际货物多式联运的基本原则，对开展国际贸易、协商国际法和参照运输领域的国内法是有帮助的。统一责任制的实施，对延迟交付、货损或货失等问题进行了突破，而这些都是网状责任制中无法或不能

[①] 邓立群. 国际多式联运经营人责任法律制度研究 [J]. 社会科学, 2011 (1).

处理的难题，货物运输可能产生的风险也随之得以预见。但是相应地，统一责任制也会有失关于多式联运复合性的考虑。比如，多式联运与其经营人之间有着极为密切的关联，涉及的法律关系有两点：多式联运法律关系和其合同相对方、单一运输法律关系和各个区域实际承运人。在前者的规定中，假如出现了货损、货失，参照统一责任制，多式联运经营人需要对货方进行赔偿责任承担，而经营人的损失没有相关规定予以补偿。后者的法律关系中，多式联运经营人完成了货物赔偿，可以按照货损区域适用的法律作出追偿行动。从多式联运的有关法律看，经营人对货方进行赔偿，但是单一运输的有关法律可以实现各个区域承运人责任赔偿，两者之间差异较大。通常而言，前者较后者在责任规范上的规定更为苛刻，前者在责任限额上有着更高的规定。所以多式联运经营人需要对货损负责，却无法从承运人手中获得相应的赔偿。从这个角度来说，统一责任制的强制性实施，就会给多式联运经营人的追偿行为带来更多的不确定性。① 由此，多式联运经营人赔偿货方的损失，但承运人对其没有任何补偿。多式联运经营人是否能够获得利益补偿，成为未知数。事实上，这会使更多的风险转由多式联运经营人承担，并没有从根本上解决责任承担的问题。所以，统一责任制并不受实务界的欢迎。

二、网状责任制

网状责任制解决的是在不同情况下责任怎样分配的问题，倘若已经确定了哪个运输区段产生了货物损毁或灭失，就可按照出现问题区段适用的法律法规解决问题。经营人负责赔偿，而假如无法明确是哪个运输区段出现了问题，多式联运合同的国际法或某国的国内法就可以成为其经营人进行赔偿的主要法律依据。在我国《海商法》中，多式联运经营人需要接受网状责任制的规范。其主要原因在于这一规定使经营人和各区域的承运人在责任上保持了一定的统一性，现在网状责任制已经为世界多数国家所明确认可。② 在下文的各国多式联运立法中，会谈到网状责任制在当今世界的普遍适用。

三、混合责任制

经修正的统一责任制（Modified Uniform Liability）、经修正的网状责任制（Modified Network Liability）的产生，在一定程度上弥补了纯粹的统一责任制、网状责任制中的不足之处。在纯粹的统一责任制的基础上，经修正的统一责任制，加入了下位理念学说。在经修正的统一责任制中，发生货物毁损、灭

---

① 邓立群. 国际多式联运经营人责任法律制度研究 [J]. 社会科学，2011（1）.

② 多式联运的概念及多式联运经营人的责任承担（网状责任制与统一责任制）[EB/OL]. ht-tp：//www. sea－law. cn/html/6487252340. html.

失的情况下，多式联运经营人是承担赔偿义务的责任人。根据《1980 年多式联运公约》中的规定，多式联运经营人的责任制度，就被认为是经修正的统一责任制。① 原则上，责任基础、责任限额等适用的是统一责任制；如果能够明确地知道货物毁损、灭失的发生区段，并且在该运输区段的法律适用中，明确规定更高的赔偿责任限额，那么该运输区段的国内法或者国际公约相关规则就应当被优先适用。就经修正的统一责任制而言，其主要特点在于：第一，在赔偿责任基础上，在多式联运经营人管货的整个期间，不论货物毁损、灭失发生在何运输区段，多式联运经营人都对货方负责。第二，在赔偿责任限制上，对比适用单一运输形式下国内法与国际公约的规定，使多式联运经营人对货方赔偿与对区段承运人追偿得以平衡。吸纳网状责任制的理念，在货损发生区段，有强制适用的国内法或国际公约，且其中限制责任高于多式联运相关法律规定的情况下，适用运输区段强制适用的国内法、国际公约，而不再强制地统一适用多式联运相关法律规范。这种责任形式在一定程度上缓和了多式联运规则与单一运输规则的法律冲突。经修正的统一责任制，对纯粹的统一责任制进行了修正，不仅考虑到了统一责任制下各个运输区段的特殊性与差异性，同时也能够更好地适应当今运输业的相关法律精神，促进运输行业的繁荣，分担运输过程中各方所承担的风险。

经修正的网状责任制，在网状责任制的基础上，以法律规定或合同约定，规范在不可归因的损害发生时或者存在法律真空的情况下，多式联运经营人的责任制度适用问题。这种起到最后修正作用的条款，又被称作"最后责任条款"。② 经修正的网状责任制，虽然在一定程度上起到了弥补网状责任制的作用，但却被认为缺乏具体的可操作性，并且无法彻底弥补网状责任制中存在的固有缺陷，货方依照此责任形式，仍然不能对货运风险充分预见。

第二节　多式联运经营人的责任期间

责任期间是行为人履行义务和承担责任的时间期限。从某种意义来看，多式联运经营人责任期间的长短，也意味着其承担义务的大小与责任的轻重程度。③ 责任期间的种类，可以归纳为以下几种："船到船""港到港""门到门"。所谓"船到船"的责任期间，是指货物自装上船时，到卸下船时止的一段时间内，由承运人对货物承担责任。《海牙规则》第四条中，对于承运人的责任期间规定，采用了这一原则。"港到港"指的是自货物在装运港、运输途

---

① 王磊. 国际多式联运经营人责任制度 [J]. 商业文化, 2007 (12).
② 邓立群. 国际多式联运经营人责任法律制度研究 [J]. 社会科学, 2011 (1).
③ 胡炜. 国际多式联运经营人的责任期间 [N]. 国际商报, 2002 - 12 - 07.

中、卸货港处于承运人掌管之下的期间。《汉堡规则》中的责任期间规定，采用了这一原则。"门到门"指的是托运人在仓库交货承运人验收后，承运人负责全程运输，直到收货人的仓库交付时为止的整个期间。"船到船""港到港"的责任期间，都仅仅适用于海上运输。而"门到门"的责任期间，适用于多式联运。目前，关于多式联运经营人责任期间的国际公约、商事规则，以及我国国内法规定如下：

《1980 年多式联运公约》规定，多式联运经营人的责任期间，始于接管货物，止于交付货物。对于"接管"与"交付"，公约也作出了明确规定。这里"接管"的方式有两种：第一，多式联运经营人从发货人或者发货人的代理人处接管货物；第二，根据货物所在地适用的法律、规章，货物必须交付运输当局或者其他第三方，多式联运经营人向该当局或者第三方接管货物。关于多式联运经营人"交付"货物的方式，公约规定了三种形式：第一，交付收货人；第二，在收货人不向多式联运经营人提取货物的情况下，依照多式联运合同或者交货地的法律或者行业惯例，使货物置于收货人的支配；第三，依照货物交付地所适用的法律、规章，将货物交付必须交付的当局或者第三方。这里的多式联运经营人，不仅包括其本人，还包括其受雇人、代理人，以及为履行多式联运合同而使用其服务的任何人；而货方除其本人外，也包括其受雇人、代理人。

在《鹿特丹规则》中，对于承运人或者履约方的责任期间，规定在第十二条中，主要涉及三款规定。该条款的根本意义在于，确定了在《鹿特丹规则》下，承运人、履约方承担责任、履行义务所适用的有效期间。

第一，责任期间始于"接收"货物、止于"交付"货物。作为责任期间的首要原则，本款仅仅规定了责任的起止时间，而并没有作出任何地理意义上的界定。根据这一原则，承运人或履约方不论在港口或者港口之外的任何地点接收货物，其责任期间就从接收货物时开始；不论其在目的港或者之外的任何地点交付货物，直到将货物交付出去责任期间截止。总而言之，承运人、履约方在《鹿特丹规则》下的责任期间与接收货物的地点无关。

第二，在收货地或者交货地的法律或者条例，存在特殊规定或要求的情况下，依据收货地的法律或者条例，货物需要交付收货地当局或者第三方时，承运人、履约方可以从该当局或者第三方提取货物的，承运人、履约方的责任期间，从自当局或者第三方提取货物时开始；根据交货地的法律或者条例，货物需要交付交货地当局的，承运人、履约方的责任期间从货交当局或者第三方时终止。这是一种特殊的收货、交货方式，根据收货地或者交货地的法律、条例，承运人与货方必须从当局或者第三方收、发货物完成运输。举例而言，如果根据一国法律，承运人不能够直接从托运人处接收货物、不能够直接将货物交付收货人，而必须通过港口当局完成货物接收、交付。在此情况下，承运人的责任期间是货物在其掌管中的整个期间，自承运人从港口当局接收货物时开始，至承运人将货物交付港口当局为止。在这里，国家主管当局并不能被视为承运人的代理人、受雇人，如若货物在港口当局的管理期间发生了货物毁损、灭失、延迟交付等问题，则并不由承运人承担责任。

第三，当事人之间可以就接收货物、交付货物的时间、地点作出约定。关于接收货物的时间、地点约定，需要在货物装船之前作出，否则该约定无效；关于交付货物的时间、地点约定，需要在依据运输合同完成最后卸货之后作出，否则该约定无效。如果多式联运合同的双方当事人，并没有作出关于接收货物、交付货物的时间、地点的约定，那么承运人、履约方的责任期间，需要严格遵守实际运输中的货物接收、交付的时间，以此为承运人、履约方责任期间的始终。[1]

《鹿特丹规则》中，承运人、履约方的责任期间，包含从接收货物到交付货物的整个运输期间。规则中并没有对于接收货物、交付货物的地点作出限制要求，因此，承运人、履约方的责任期间，并不仅仅受限于某个运输区段或者货运港内，并且允许合同当事人就货物接收、交付的时间、地点作出自由约定，不仅能够体现和服务国际贸易多式联运中"门到门"的运输特色，也彰显了贸易自由的精神。

《1973 年单证规则》规定，多式联运经营人的责任期间为，从接管货物时起到交付货物时为止。在此责任期间内，多式联运经营人对于货物毁损、灭失、延迟交付，承担责任、进行赔偿。多式联运经营人负责履行运输义务，以及与多式联运相关的各种必要服务，确保货物交付。多式联运经营人对于其代理人、受雇人在代理范围内、受雇范围内的作为与不作为，承担如自己同样的义务。

《1991 年单证规则》中，多式联运经营人的责任期间是，始于接管货物，止于交付货物。这里的"接管"，指的是货物已经提交多式联运经营人运送并且由多式联运经营人接收。这里的"交付"包含三种情况：第一，多式联运经营人将货物交付收货人；第二，依照多式联运合同中的约定，或者依照货物交付地法律或者交易习惯，货物已经处于收货人的支配下；第三，依据货物交付地的法律或规定，货物必须交付给当局或者第三方。

可见，两民间单证规则中，关于多式联运经营人的责任期间规定，与《1980 年多式联运公约》中的规则大体相同。

根据我国《海商法》第七章第八节"多式联运合同的特殊规定"第一百

---

① 吴焕宁. 鹿特丹规则释义 [M]. 北京：中国商务出版社，2011.

零三条、第一百零四条的内容，多式联运经营人对于货物的责任期间，始于接收货物，止于交付货物。多式联运经营人承担履行或者组织履行多式联运合同的责任，对全程运输负责。多式联运经营人可以同多式联运中的各个区段承运人，另做约定明确彼此之间的权利义务，但是这些约定并不影响多式联运经营人对于多式联运合同下的全程运输承担责任。

我国《合同法》第十七章第四节"多式联运合同"第三百一十七、第三百一十八条，并没有对多式联运经营人责任期间的起止做出具体规定，但规定多式联运经营人对"全程运输"享有承运人的权利与义务，负责履行或者组织履行多式联运合同。多式联运经营人与参与多式联运的区段承运人之间，可以订立规范彼此责任的各区段运输合同，但区段约定并不影响多式联运经营人对全程运输的责任。与我国《海商法》中的规定相同，我国《合同法》同样规定，多式联运经营人与区段承运人订立合同后，并不影响多式联运经营人对于全程运输的责任承担。

从多式联运的公约、规范看，关于多式联运经营人的责任期间，基本规定为：从接收或者接管货物开始，到交付货物时结束。多式联运经营人的责任期间，以"接"货、"交"货的完成行为为起止的标准，改变了传统上以货物交接地点为责任期间划分标准的做法。在接收、接管、交付货物的方式上，各个公约、规范会有细微区别。比如，《1980年多式联运公约》中，在接管与交付货物的方式上，都允许从当局或者第三方处接管、交付货物；但是，只在多式联运经营人交付货物的情况下适用商业惯例，允许多式联运经营人依据交货地的行业惯例，使货物置于收货人的支配，即为完成交付。《鹿特丹规则》也存在货交当局、第三方的有关规定。然而其独特之处在于，明确规定允许当事人之间就接收货物、交付货物的时间、地点作出约定，并对此类约定作出的时间，规定了严格的时间限制：关于接收货物的时间、地点约定，需要在货物装船之前作出，否则该约定无效；关于交付货物的时间、地点约定，需要在依据运输合同完成最后卸货之后作出，否则该约定无效。

我国《海商法》与《合同法》中，都规定了多式联运经营人的责任期间为"全程运输"，多式联运经营人可以与参与多式联运的各个区段承运人就多式联运合同的分区段，约定彼此之间的权利与义务，但是这种约定并不影响多式联运经营人对于全程运输的责任承担。在责任期间的起止上，我国《海商法》较《合同法》而言更加明确了以"接收""交付"为衡量标准。在收货人拒绝收货或者提取货物的情况下，依据我国《合同法》第一百零一条有关货物提存的规定，将货物交有关部门提存，视为完成交付。根据我国《合同法》的精神，在实际运输中，多式联运经营人并不一定自己具有运输工具或者参与货运，但是当面对托运人或者发货人的时候，都以承运人身份，承担运输合同下的责任与义务，多式联运经营人与托运方或者发货方是承运人与托运人的关系。多式联运经营人将各区段运输全部或者部分地分配给各区段承运人，多式联运经营人与各区段承运人之间是委托与被委托的关系。因而，各区段承运人被视为实际承运人，多式联运经营人可以与各个区段承运人就该区段的运输，以合同约定的方式划分责任，但是这种约定并未免除多式联运经营人在多式联运合同中对于运输全程的责任。一旦发生货物毁损，货方既可以向发生货损的区段承运人主张赔偿，也可以向多式联运经营人主张赔偿，或者在赔偿限额范围内向双方索赔。

海运公约中的承运人责任期间几经变迁。最初，《海牙规则》将货物运输界定为，始于货物装上船止于货物卸下船的一段时间。《汉堡规则》进一步扩大了承运人的责任期间，承运人对于货物的责任期间包括货物在装货港、途中、卸货港，受承运人掌管的整个期间。在陆运公约中，承运人的责任期间大都采用始于接收货物止于交付货物的规定。比如，《1951年国际铁路货物联运协定》（以下简称《国际货协》）、《1975年国际铁路货物运输公约》（以下简称《国际货约》）、《国际公路货物运输合同公约》等。在空运公约中，根据《1993年统一国际航空运输某些规则的公约》（以下简称《华沙公约》）第十七条的规定，承运人对在航空器上以及上下航空器过程中发生的损害承担责任。在《1952年关于统一国际航空运输某些规则的公约》（以下简称《蒙特利尔公约》）中，通常情况下，只要货物毁损发生在航空运输的过程中，承运人就应承担由此产生的损害赔偿责任。相比单一运输公约、规范中，对于承运人的责任期间规定，多式联运规则中对于经营人的责任期间的起止规范更加明确，更能够体现责任覆盖的充分性。以"接收、接管"货物到"交付"货物为责任期间的起止，并对具体方式进行了不同情况的规定，更能够体现多式联运在货运中的便捷程度与一体化程度。

根据上述关于多式联运经营人责任期间的现有规范，笔者认为：

第一，多式联运经营人的责任期间，应当始于接管货物，止于交付货物。这有利于体现多式联运"门到门"的运输优势，以多式联运经营人的实际管货期间为责任期间，使责任划分更加公平、明确。

第二，在"接收、接管"货物的方式上，以四类方式认定完成货物的接收、接管：（1）从发货方、托运方接收或接管货物，这里的发货方、托运方包括其本人、其受雇人、代理人。（2）依据发货地适用的国际公约、国内法，多式联运经营人应从当局或者第三方处接收、接管货物。（3）允许多式联运合同当事人依据合同约定或者接收、接管货物地的商业惯例完成货物接收、接管。（4）货物已处于多式联运经营人的实际控制下。

第三，在"交付"货物的方式上，允许以四种方式完成：（1）交付收货人及其受雇人、代理人。（2）依据发货地适用的国际公约、国内法，多式联运经营人应将货物交付收货地当局或者第三方处。（3）依据多式联运合同约定的方式或者交货地的商业惯例完成交付。（4）货物已处于收货方的实际控制下。

第四，多式联运经营人对全程运输负责，承担履行或者组织履行多式联运合同的责任。关于各个运输区段，多式联运经营人可以同各区段承运人另做约定，明确彼此间的权利义务划分，但是，这些约定并不影响多式联运经营人对多式联运合同下全程运输的责任承担。

第三节　多式联运经营人的责任基础

《海商法》明确了关于承运人的责任基础的概念，而多式联运经营人的责任基础的定义也是套用《海商法》内的定义。这主要指的是：当运输的货物出现交付延迟、破损、毁灭等现象的时候，承运人需要承担的赔偿责任。对承运人承担赔偿责任的情况按照相应的原则进行确定，其中主要包括免责事由、举证责任分配以及规则原则等。在这些原则的基础上对导致货物损害发生的行为主体，追究法律法规责任。多式联运经营人的赔偿责任基础，在确定多式联运经营人的责任承担问题上，起着重要作用。

所谓归责原则，主要分为两种：过错责任和严格责任。其中，过错责任指的是，行为人只有在存在过错的情况下才承担责任，受害人应就对方的过错行为承担举证责任。在过错责任下，多式联运经营人只有对自身行为存在过错的货物毁损、灭失承担责任，货方应就多式联运经营人的过错行为承担举证责任。严格责任指的是，发生违约之后，违约方就应当承担违约责任，而不是以违约方的主观过错作为其是否承担违约责任的标准。非违约方不需要关于违约方是否存在过错承担举证责任，违约方若想免除责任，应就自己并无过错或者出现了法定免责事由承担举证责任。其中，过错责任又分为完全过错责任、不完全过错责任、推定过错责任。在完全过错责任下，只要行为人有过失就不免责，需要承担责任。在不完全过错责任下，行为人对某些过失可以免责。而对于推定过错责任，在行为人不能证明自己无过错的情况下，即推定其有过错，应当承担责任。行为人需要通过证明自己不存在过错的方式获得免责。举证责任的倒置，是推定过错责任的特点，使其区别于一般过错责任中"谁主张谁举证"的举证规则。

在《1980 年多式联运公约》下，多式联运经营人的责任基础是推定过错原则。根据该公约第十六条关于赔偿责任基础的规定，若货物发生灭失、毁损、延迟交付的问题，且处于多式联运经营人的管货期间，那么多式联运经营人就应当对于上述灭失、毁损、延迟交付的发生造成的损失，承担损害赔偿责任。除非多式联运经营人能够证明，为了避免货物灭失、毁损、延迟交付的发生与后果，其本人、其代理人、其受雇人或者为履行多式联运合同使用其服务的任何其他人，已经采取了一切能够提供的避免损害发生的合理措施。① 关于"延迟交付"的认定，该公约规定，若货物没能在已明确约定的时间范围内完成货物交付，或者在没有明确时间约定的情况下，多式联运经营人没有根据具体情况，在合理的时间范围内完成交付，就被视为延迟交付。如果在交付日期届满之后，连续 90 日内仍未完成货物交付，索赔方可以认为货物灭失。如果事故的发生，是由于多式联运经营人一方（包括其受雇人、代理人、为履行多式联运合同使用其服务的任何其他人）的疏忽过失与另外的原因相结合而导致的，那么，多式联运经营人仅仅就可归因于其自身一方的疏忽过失承担责任。同时，多式联运经营人必须能够证明不可归因于其疏忽过失的事故部分。

《1980 年多式联运公约》关于多式联运经营人的责任基础规定相对简单，其核心特点在于：第一，关于归责原则，采用过错推定原则，多式联运经营人对于在其责任期间内发生的货损承担损害赔偿责任。在举证责任上，除非多式联运经营人可以证明，为避免损害发生已采取一切合理措施。过错推定原则，对于多式联运经营人来说，要求较高。对于自己不能证明的损害责任，都要承担赔偿。第二，关于共同原因导致的损害，多式联运经营人仅就其过失范围内的损害，承担赔偿责任。在举证责任上，多式联运经营人应承担不可归责于其过失的损害部分的证明责任。这种共同原因致损的赔偿责任上，依照多式联运经营人的"可归责程度"来决定其责任范围，被之后的国际公约与商事惯例所承继，在下文中可见。

《鹿特丹规则》第五章，就承运人承担责任的基本情况进行了明确的说明。分别就承运人的责任基础、免责事由、适航管货义务、共同原因致损、与海运履约方的赔偿责任关系上，作出了规范。

1. 在基础赔偿责任上，该规则采用完全过失责任，由索赔方承担事故发生于承运人责任期间的举证责任。该规则第十七条第一款规定，若索赔方能够证明，货物的灭失、毁损、延迟交付或者引起这些状况的事件发生在承运人的责任期间，那么承运人应对上述损失承担赔偿责任。关于"延迟交付"，该规则第二十一条给出了明确界定：未在约定时间内，依据运输合同所约定的目的地交付货物，就构成延迟交付。

---

① 贺万忠. 国际货物多式联运经营人责任体制评析——兼论我国相应立法 [J]. 国际经济法论丛，2002(2).

2. 在上述事由的责任免除上，对承运人采用推定过错责任，由承运人承担损失的发生原因或者部分原因，不可归责于承运人一方的举证责任。根据该规则第十七条第二款，若承运人能够证明，货物发生灭失、毁损、延迟交付的原因或者部分原因不能归责于承运人一方的过失，承运人一方就得以免除全部或者部分的赔偿责任。根据该规则第十八条，这里的"承运人一方"包括任何履约方、船长、船员、承运人或履约方的受雇人、履行或者承诺履行运输合同中承运人义务的其他人。

3. 除了承运人通过证明货物的灭失、毁损、延迟交付并非由于自身过失导致而免责之外，该规则第十七条第三款，列举了十五项承运人的具体免责事由。由承运人承担举证责任，证明货物灭失、毁损、延迟交付的发生，是由于这些事由中的一项或者数项事由导致，从而免除承运人的全部或者部分赔偿责任：（1）天灾。这是承运人可以免责的首个事由。（2）在海上或其他通航水域遭遇危险，比如暴风雨、冰山、触礁等。（3）由于战争、武装冲突、敌对行动、恐怖活动、海盗、民变、暴乱，引发的货物毁损、灭失、延迟交付，承运人免责。（4）因检验限制、政府行为、民众干涉，非因承运人一方原因引发的滞留、扣留、扣押，而引发的损失，承运人免责。（5）罢工、关厂、停工、劳动受限。这些事由对于承运人来说，都属于人力不可抗范畴，不论其导致了部分或者全程运输障碍，由此引发的损失，承运人免责。（6）船上火灾。只要火灾发生在船上，不论任何原因，承运人就由此火灾引发的损失免责。（7）潜在缺陷免责。这里存在潜在缺陷的对象，主要指的是运输工具，承运人通过合理、谨慎处理，仍然无法发现，由此产生的损失承运人免责。（8）货方自身行为导致的货物灭失、毁损、延迟交付，承运人免责。①（9）承运人与托运人可以约定由货方负责货物装卸操作，在由于货方操作引发货物灭失、毁损、延迟交付时，承运人免责。（10）由于货物自身属性产生的货损、重耗，承运人免责。这是承运人的一项传统免责事项，可被视作一种商业惯例。（11）货物包装不良、标志欠缺不清，只要不是承运人一方导致的，由此引发的损失，承运人免责。（12）为海上救助、试图救助人命而产生的货物毁损、灭失、延迟交付，承运人免责。（13）为合理实施海上救助、试图救助财产而引发的货物毁损、灭失、延迟交付，承运人免责。（14）为避免或者试图避免环境危害而采取合理措施，产生的货物毁损、灭失、延迟交付，承运人免责。本项肯定了承运人为保护环境所付出的努力，从而使承运人免予损害赔偿，这是该规则的一项新尝试与新突破。（15）如果在承运人的责任

---

① 《鹿特丹规则》第十七条第三款第（7）项规定：托运人、单证托运人、控制方或者根据第三十三条或者第三十四条托运人或者单证托运人对其作为承担责任的其他任何人的作为或者不作为。

期间内，货物可能发生或者承运人有理由认为货物可能发生对人身、财产、环境造成危害的实际危险，承运人可以拒绝接收、装载货物，也可以采取卸下、销毁货物等合理措施，以确保不会发生实际危险；在航海过程中，为共同安全的考虑，承运人有在海上牺牲货物的权利，使生命、财产免受损害。对于由此产生的货物毁损、灭失、延迟交付，承运人免责。

4. 关于上述十五项承运人免责事由，若索赔方可以证明，货物的灭失、毁损、延迟交付，是由于承运人一方的过失而产生的；或者货物的灭失、毁损、延迟交付，是由于上述十五项承运人免责事由之外的原因造成的，并且承运人不能证明该原因不可归责于其这一方，承运人仍然需要对货物的灭失、毁损、延迟交付承担责任。

5. 关于适航义务与管货义务，采用过错推定原则，在举证顺序上，索赔方需要先行证明，货物毁损、灭失、延迟交付的成因或者可能性是出于船舶不适航、船舶配备补给、承运人管货方面。后由承运人就其尽到了谨慎管货义务，或者对损失的发生与船舶不适航、船舶配备补给、承运人管货方面并不存在因果关系进行证明。若承运人不能够就索赔方的初步举证提供此番证明，则承运人需要就货物的灭失、毁损、延迟交付承担责任。

6. 在多种原因共同导致货物灭失、毁损、延迟交付的情况下，承运人仅对其应当负责的部分，自己过失所致的部分，承担责任。承运人需要对造成货损原因的比例进行举证，否则不能就无法辨别货损成因的部分免除责任。

7. 在违反该规则对于承运人规定义务的情况下，承运人需要对四类人员承担责任：（1）任何履约方，指的是除了承运人之外，履行或承诺履行运输合同下，从接收到交付过程中运输义务的人。（2）船长、船员，指的是在船舶上任职的所有工作人员。（3）承运人、履约方的受雇人，指的是与承运人、履约方签订雇佣或者委托合同的人。（4）履行或者承诺履行运输合同中承运人义务的任何人。其中，对于前三类人员的行为，不以承运人的要求、监督、控制为限；第四类人员的行为，以其在承运人的要求、监督、控制内的作为与不作为为限。

8. 承运人与海运履约方之间，当双方对货物的毁损、灭失、延迟交付均有责任时，在该规则的赔偿限额内，承担连带责任。

《鹿特丹规则》关于承运人责任基础的规定特点在于相对比较具体，在责任基础、免责事由、适航管货义务、共同原因致损、与海运履约方的赔偿责任关系上，都做了规范。第一，在归责原则上，采用的是完全过失责任。在举证责任上，只要损害发生于承运人责任期间，就应当承担责任，由索赔方承担举证责任；若承运人可以就货损全部或部分发生不可归责于自身过失举证，可以就该全部或者部分货损免责。索赔方举证在先，承运人举证在后。

笔者认为，这种对索赔方与承运人举证责任先后的明确规定，有利于赔偿责任的确认与纠纷的实际解决。第二，除了非由承运人自身过失导致的免责情况外，承运人享有十五项具体免责事由。承运人承担货损发生是出于该十五项免责事由中的一项或数项的举证责任。索赔方为维护自身权益，可以提供相反证明。举证顺序为承运人在先、索赔方在后。免责条款中关于承运人为保护环境而采取合理措施所导致的货损免责，是该规则的免责创新，体现了对于环境保护的重视，笔者认为应当为各国立法实践所吸收。第三，关于共同原因导致的货损，承运人仅就其自身过失所致的部分承担责任。这与《1980 年多式联运公约》中的原则一致，但是，在举证责任上，却更加严格。若承运人不能够就货损成因的比例举证，无法辨别货损成因的部分，承运人并不免责。所以，承运人不仅要对货损的不可归责性举证，还要对货损成因进行举证。第四，关于适航管货义务，采用过错推定原则。由索赔方先举证，货损的发生，是由于承运人未尽到适航管货义务所致；再由承运人就已尽到适航管货义务，或者货损与适航、管货方面的因素无关承担举证责任，若承运人不能够提供证明，则推定承运人存在过错，由承运人承担赔偿责任。笔者认为，这种举证方式彰显了公平的精神。第五，承运人对四类人员的行为需要承担责任。其中前三类，任何履约方，船长、船员，承运人、履约方的受雇人，由于人员与行为范围较为明确，所以，承运人需要承担的责任范围，不以其要求、监督、控制为限。而对于第四类人员而言，履行或者承诺履行运输合同中承运人义务的任何人，相对来说，人员与行为宽泛，所以承运人仅对这些人员在其要求、监督、控制范围内的作为与不作为承担责任。第六，承运人承担连带责任的情形。当承运人、海运履约方对货损发生均有责任时，两者承担连带责任。也就是说，在承运人、海运履约方对于损害发生都负有责任的情况下，索赔方可以在承运人与海运履约方之中，任选一方索赔。其中一方完成部分或者全部赔偿之后，可以就超出其自身赔偿责任的部分，依据连带责任的比例，向另一方责任人追偿。

在《1973 年单证规则》中，多式联运经营人对于货物灭失、毁损的责任基础，分为知道与不知道损害发生的运输区段两种情况进行规定。

第一种情况，在知道货物灭失、毁损发生的运输区段时，多式联运经营人的责任基础，适用货损发生区段的国际公约、国内法、运输合同中的规定。① 比如，在货损发生在海运区段的情况下，依据《海牙规则》，承运人的责任基础是不完全过失责任，具体来说，就承运人驾船、管船过失免责。《维斯比规则》未予修订。依据《汉堡规则》，承运人的责任基础采用推定的完全

---

① 李熠. 国际货物多式联运经营人责任制度研究 [J]. 四川大学学报，2006 (4).

过失原则。多式联运经营人不得以约定的方式，排除货损发生区段的国际公约、国内法的适用，损害索赔方的权益。多式联运经营人的责任，根据国际公约、国内法确定时，其责任确定视同为该公约、法律下的承运人责任。因此，在这种情况下，确认多式联运经营人的责任，需要对不同运输区段的国际公约、国内法进行研究。

第二种情况，在不知道货物灭失、毁损发生的运输区段时，采用过失责任原则。该规则列举了七项多式联运经营人的免责事由，多式联运经营人对由此引发的灭失或者损害，不承担责任，由多式联运经营人对此承担举证责任：（1）货方的作为与不作为。（2）货物包装、标志缺陷、不充分。（3）货方对于货物，从装到卸等操作行为。（4）货物潜在缺陷。（5）出于罢工、关厂、停工、劳动限制，多式联运经营人经合理谨慎处理后，仍不能避免损害。（6）多式联运经营人不能避免的事由，且经合理谨慎处理后，仍不能避免损害。（7）据适用的国际公约、有关核能的国内法规定，应由核装置经营人一方对核损害的发生承担责任。总的来说，由多式联运经营人就损害的发生与七项事由中的某项或数项事由有关，承担举证责任。但是，当损害发生是由于货物包装与标志不充分、存在缺陷，货物存在潜在缺陷，货方对于货物的操作行为，这三类原因导致时，则推定货损发生是这些原因所致。索赔方为保护自身权益，有权利证明货损发生并不是或者并不全是出于这些原因。

关于延迟交付的责任基础，在该规则下，只有可以确定延迟发生的运输区段时，多式联运经营人才在国际公约、国内法的责任范围内，承担由延迟交付所致的损害赔偿责任。如果多式联运经营人没有在多式联运合同中约定的，或者在多式联运单证上记载的，或者没有此约定、记载时的勤勉合理期限届满后90日内完成交付，除非有相反证据，对货物有提取权的人可以视为货物已灭失。

《1991年单证规则》中，多式联运经营人的责任基础是完全责任制。除免责事由外，多式联运经营人需要对货物的灭失、毁损、延迟交付承担赔偿责任。若货损发生在多式联运经营人的管货期间，除非多式联运经营人可以证明货损发生并非出于该方的过失与疏忽，否则应当承担赔偿责任。这里的免责事由是：承运人驾船、管船的疏忽过失；火灾。关于船舶不适航导致的货损，由多式联运经营人承担举证责任。关于多式联运经营人延迟交付的赔偿责任，由托运人承担货物如期交付、多式联运经营人接收货物的证明责任。在货物延迟交付的界定、延迟交付转灭失的界定上，《1991年单证规则》与《1973年单证规则》的规定一致。

《1973年单证规则》对于多式联运经营人责任基础的规定特点在于，对于货损发生区段可知与不知两种情况分别做了规定。由于不同运输方式的风险与责任规则有其自身特点，所以，笔者赞同这种区分运输区段予以规定的方式。在知道货损发生区段的情况下，依据该运输区段所适用的国际公约、国内法、运输合同中的规定，来确定多式联运经营人的责任基础。而在不知道货损发生区段的情况下，采用过失责任原则。对于多式联运经营人的七项免责事由的举证责任，也采用了分类规定。当损害发生是由于货物包装与标志不充分、存在缺陷，货物存在潜在缺陷，货方对于货物的操作行为，这三类原因导致时，推定货损发生是由这些原因所致，索赔方可以通过提供相反证明的方式，维护自身权益。其他四项事由，由多式联运经营人承担举证责任。而《1991 年单证规则》采用的是完全责任制。除非多式联运经营人能够证明货损发生并非由于自身过失或者疏忽所致，否则对于在其责任期间发生的货损，承担赔偿责任。显然，这种归责原则对于多式联运经营人而言，更为严格。在免责事由上，仅规定了驾船、管船的疏忽过失免责，以及火灾免责。

根据我国《海商法》第一百零五条、第一百零六条，多式联运经营人的责任基础分两种情况讨论：在货损发生区段可以确定的情况下，多式联运经营人的责任基础适用该运输区段的有关法律；在货损发生区段不能确定的情况下，多式联运经营人的责任基础适用该法第四章"海上货物运输合同"的规定。

根据该法"海上货物运输合同"中的规定，多式联运经营人的责任基础是过错责任，更细分来说，是不完全过错责任。承运人应当尽到适航管货义务，除了该法规定的承运人不负赔偿责任的情形，由于承运人的过失导致的货物灭失、毁损、延迟交付，承运人应当承担赔偿责任。该法中延迟交付的定义为，未能在约定时间、约定卸货港交付，即为延迟交付，未在此时间届满 60 日内交付货物，对货物有赔偿请求权的人有权认为货物已灭失。该法规定了十二项承运人的免责事由，其中就非由承运人过失导致的火灾，由承运人承担举证责任：（1）驾船、管船过失。（2）火灾，承运人过失导致除外。（3）天灾，海上、其他可航行水域遭遇危险或意外事故。（4）战争、武装冲突。（5）政府行为、检疫限制、司法扣押。（6）罢工、停工、劳动受限。（7）海上救助，或者试图救助人命、财产。（8）货方行为。（9）货物自然属性、固有缺陷。（10）包装不良、标志欠缺、不清。（11）经谨慎处理仍不能发现的船舶缺陷。（12）不可归责于承运人一方过失所致的其他原因。

除此之外，还另行规定了关于运输活动物、舱面货的免责情形。因运输活动物的固有、特殊性风险而产生的损害，承运人免责。对此，承运人需要承担两个举证责任：第一，证明已经履行托运人的特殊运输要求；第二，证明货损的发生是出于活动物的固有、特殊性风险。关于舱面货，承运人在依照运输协议、运输惯例、相关法律法规的情况下，将货物装载于舱面，因此装载方式而造成的货损，承运人免责。关于共同原因导致的损害，承运人仅就其不可免责的部分，承担赔偿责任。并且，承运人需要对其他原因造成的损害，承担举证责任。

根据我国《合同法》第三百二十一条，多式联运经营人的责任基础同样取决于是否能够明确货物的毁损、灭失发生的运输区段。如果可以确定，适用该运输区段的相关法律；如果不能确定，适用该法第十七章"运输合同"的相关规定。根据我国《合同法》对于运输合同的规定，承运人对运输过程中的货物灭失、毁损承担损害赔偿责任，若承运人可以证明货损由以下三种事由导致，可以免责：（1）不可抗力。（2）货物自身属性、合理损耗。（3）货方过错。①

根据我国《海商法》与《合同法》中的上述规定可知，在两部法律规范中，均对多式联运经营人的责任基础采用分两种情况讨论的立法模式，对货损发生区段可以确定与不能确定的情况，分别规范。依据我国《海商法》的规定，在可以明确货损发生区段的情况下，多式联运经营人的责任基础，适用该运输区段的有关法律，比如，铁路运输、公路运输、航空运输等方面的立法。在货损发生区段不能确定的情况下，多式联运经营人的责任基础，适用《海商法》中关于海上货物运输合同的规定。即多式联运经营人的归责原则为不完全过错责任。除十二项免责事由外，多式联运经营人对在其责任期间发生的货物毁损、灭失、延迟交付，承担损害赔偿责任。除此之外，还另行规定了关于运输活动物、舱面货的免责情形。因运输活动物的固有、特殊性风险而产生的损害，承运人免责。

依据我国《合同法》的规定，若货损发生区段可以确定，多式联运经营人的责任基础，适用该运输区段的相关法律；若不能确定，适用我国《合同法》中关于运输合同的相关规定，即不完全过错责任。承运人对运输过程中的货物灭失、毁损承担损害赔偿责任，若承运人可以证明货损由以下三种事由导致，可以免责：（1）不可抗力。（2）货物自身属性、合理损耗。（3）货方过错。

综合国际公约、国际单证规则以及我国《海商法》《合同法》中关于多式联运的立法规则，关于多式联运经营人的责任基础，在归责原则上，普遍采用的是过错责任原则。在举证责任、免责事由、适航管货义务等具体规定上，各有不同。综合这些规定，笔者认为，关于多式联运经营人的责任基础应当适用双重情况的规定方式：在货损区段可以确定的情况下，适用该区段

---

① 《中华人民共和国合同法》第三百一十一条［EB/OL］．http：//law．npc．gov．cn：8081/FLFG/ksjsCateGroup．action．

所适用的国际公约与国内法；在运输区段不能确定的情况下，适用多式联运方面的国际公约与国内法的规定，其内容应当包含以下方面。

第一，归责原则。鉴于国际公约、单证规则、国内法中大都对于多式联运经营人规定了多项免责事由，个人比较主张在归责原则上采用不完全过错责任。由多式联运经营人就货损的发生与免责事由相关承担举证责任，在不能提供该证明的情况下，就货物的灭失、毁损、延迟交付，承担损害赔偿责任。

第二，货物延迟交付、视为灭失的界定。笔者比较认同《1980 年多式联运公约》与两个单证规则中的规定，分两种情形认定延迟交付：（1）没有在约定时间内完成货物交付。（2）在没有约定或者单证记载的情况下，没有在勤勉合理的时间内完成货物交付。在延迟交付的情况下，若货物在交付日期或者应当交付日期届满之后，连续 90 日内仍未完成货物交付，货物的权利人可以认为货物已经灭失。笔者认为《鹿特丹规则》中，未在约定时间内，于运输合同所约定的目的地交付货物，就构成延迟交付的规定，对于多式联运经营人来说，过于严苛也不够公平。在实际运输中，可能因为天气原因，或者交付地的政治原因无法在原约定地完成交付，若多式联运经营人就近交付，或者实际上完好地完成了货物交付，应当承认多式联运经营人的履约行为。

第三，共同致害。应依照多式联运经营人的"可归责程度"来决定其责任范围，即多式联运经营人仅就其过失范围内的损害，承担赔偿责任。在举证责任上，笔者认为应当适用《1980 年多式联运公约》中的规定，多式联运经营人就不可归责于其过失的损害部分承担证明责任。相比而言，《鹿特丹规则》中规定的是，承运人需要对造成货损原因的比例进行举证，否则不能就无法辨别货损成因的部分免除责任。笔者认为这种比例举证法过于严苛，不利于实际应用。多式联运经营人对于货损的不可归责性举证，足以证明免责的必要性，没有必要对货损比例进行举证。

第四，免责事由。（1）天灾；（2）在海上或其他可航行水域遭遇危险；（3）战争、武装冲突、敌对行动、恐怖活动、海盗、民变、暴乱；（4）检验限制、政府行为、民众干涉，非因承运人一方原因引发的滞留、扣留、扣押；（5）罢工、关厂、停工、劳动受限；（6）船上火灾；（7）运输工具的潜在缺陷，通过合理、谨慎处理，仍然无法发现；（8）货方行为；（9）货物自身属性；（10）货物包装不良、标志欠缺、不清；（11）为海上救助、试图救助人命、财产；（12）为避免或者试图避免环境危害而采取合理措施；（13）为共同安全排除实际危险；（14）应由核装置经营人承担的责任。在举证责任上，（8）（9）（10）三项，由承运人先举证货损产生与之有关，后由货方举证货损产生与之无关。其他由多式联运经营人承担货损发生与免责事由相关的举证责任，若不能证明，则承担货损的赔偿责任。

第五，适航管货条款。由索赔方就多式联运经营人未尽到适航管货义务承担举证责任，由多式联运经营人就尽到了相关义务承担举证责任。

第六，多式联运经营人与其他区段承运人之间的责任关系。（1）多式联运经营人对多式联运的全程运输承担责任。（2）多式联运与区段经营人之间，依据区段运输合同规定权利义务划分。（3）索赔方可以就多式联运经营人主张权利，也可以就发生货损区段的承运人主张权利。

第四节　多式联运经营人的责任限额

所谓赔偿责任限额，指的是承运人在履行运输合同的过程中，当发生货物毁损、灭失、延迟交付时，所承担的最高赔偿额标准。与传统意义上的民法原理不同的是，在赔偿责任限制的适用下，索赔方并不见得可以获得足额的损害赔偿。[①] 赔偿责任限额，起源于海上赔偿责任限额，其目的在于鼓励船舶所有人参与海运事业。早期的海运事业，受运输技术的限制，货运风险较大。如果要求承运人承担全部的海运损失，不利于海运事业的发展壮大。为了保护海运事业的发展，促进国际贸易，国际公约与各国国内法中的赔偿责任限额制度得以设立。由于多式联运运输距离较长、运输方式多样、运输风险较大，所以，在制度设立上，也引入了赔偿责任限额制度。[②]

《1980 年多式联运公约》中相关规定如下：

1. 通常情况下，在货物发生灭失、毁损时，多式联运经营人的赔偿责任限额采用双重方式计算，以较高数额为准：920SDR/件或者其他货运单位；或者 2.75SDR/毛重公斤。在计件方式上，若货物采用集装箱或者类似装运工具，则以此装运工具为计件单位；若未使用类似装运工具，则以货物自身件数为货运单位数。如果装运工具自身灭失、毁损，而且并非由多式联运经营人提供、所有，那么该装运工具应当独立作为一个货运单位。

2. 在多式联运合同并不存在海上、内河运输的情况下，多式联运经营人的赔偿责任限额，并非适用上述数额，而是以 8.33SDR/毛重公斤为准。

3. 货物发生延迟交付时，多式联运经营人对于延迟交付的赔偿责任限额，以延迟交付的货物所应当给付的运费的 2.5 倍为限，同时，此赔偿限额不得超过多式联运合同中约定的运费总额。

4. 总限额。在货物毁损、灭失、延迟交付的情况下，多式联运经营人的

---

① 吴菲. 论国际货物多式联运经营人责任制度 [J]. 华东政法大学学报，2011（4）.
② 李熠. 国际货物多式联运经营人责任制度研究 [J]. 四川大学学报，2006（4）.

赔偿责任总额，不得超过货物全部灭失情况下的赔偿责任限额。

5. 多式联运合同当事人的自由意志：允许多式联运经营人与发货人之间，就赔偿责任限额在多式联运单证中，作出超出本公约中规定数额的约定。但是，在货物毁损、灭失、延迟交付的情况下，多式联运经营人的赔偿责任总额，仍然应当以货物全部灭失情况下的赔偿责任额为限。

6. 货损区段明确时，即在货物的灭失、毁损发生的运输区段可以确定的情况下，该运输区段适用的国际公约、国内法中规定的赔偿责任限额高于本公约中规定的，则多式联运经营人的赔偿责任限额以该运输区段适用的国际公约、国内法中规定的赔偿责任限额为准。

7. 赔偿责任限额权利的丧失。若多式联运经营人、其受雇人、代理人或者为履行多式联运合同而使用其服务的任何人，故意或者明知而轻率地作为或者不作为，从而导致了货物的灭失、毁损、延迟交付，那么在此情况下，多式联运经营人一方，不得适用赔偿责任限额的相关规定。

笔者认为，《1980年多式联运公约》中，对于多式联运经营人赔偿责任限额的规定，内容完整，涵盖了赔偿限额的法律适用、最高赔偿额的计算方式、赔偿限额的丧失等问题。尤其对于延迟交付情况下、不含海上与内河运输情况下的赔偿限额做了单独规定。《鹿特丹规则》与两个单证规则中，都没有《1980年多式联运公约》中关于赔偿责任限额的细致规定。规则内容的完整度较高，这是该公约有关责任限额规范的最大特点。

《鹿特丹规则》中的相关规定如下：

1. 赔偿责任限额的一般规定，同样采用双重计算方式，以较高限额为准：承运人违反该规则义务时，依据875SDR/件或者货运单位、3SDR/毛重公斤计算，以较高者为准。

2. 允许自由约定。该规则赋予多式联运当事人两种自由约定责任限额的方式，一是托运人申报的货物价值，记载于合同中；二是承运人与托运人另行约定高于该规则的赔偿责任限额。

3. 当货物载于运输器具内时，货物件数、货运单位，以是否载明于运输合同，分情况计算：当运输合同中载明运输器具内的货物件数时，载明的件数为货物件数；当运输合同中并无记载时，运输器具内的货物，作为一个独立的货运单位。

4. 货物延迟交付情况下的赔偿责任限额，以延迟交付的货物所应付运费的2.5倍计算，并且，赔偿额总计不得超过货物全损情况下的赔偿限额。

5. 赔偿限额权利的丧失。如果索赔方可以证明承运人、有权利享有赔偿限制权利的人，出于故意或者明知可能造成损失而轻率作为、不作为导致损害发生，那么，承运人、有权利享有赔偿限制权利的人便无权享有赔偿限制的权利。

该规则的特点在于：第一，在最高赔偿额的计算上，若以毛重公斤的方式计算赔偿额，此赔偿限额将是现有国际公约与国际商事规则中最高的赔偿限额。第二，允许多式联运的合同当事人就赔偿责任限额做自由约定，并且没有对此约定做最高额限制，这与《1980 年多式联运公约》不同。在《1980 年多式联运公约》中，虽然也允许多式联运的合同当事人就赔偿限额作出自由约定，但是，最高约定额仍然不能够超过公约所规定的货物灭失情况下的赔偿限额。当事人虽然可以就赔偿限额作出约定，但是，仍然应当在公约的最高赔偿额内作出约定。而《鹿特丹规则》并没有对于当事人约定的最高限额做任何限制，在当事人约定了高于本规则的赔偿限额时，应当适用当事人之间的自由约定。显而易见，《1980 年多式联运公约》中的规定方式，更加倾向于统一赔偿责任限额的标准。第三，该规则与《1980 年多式联运公约》关于计件方式的规定，实质上是一致的，只是在表述上存在差异，笔者认为《1980 年多式联运公约》的表述更加简明、易懂。在该规则下，使用装运工具运输时，若装运工具内的货物数量已记明的，该记明的货物数量为货运单位；如果没有记明，那么该装运工具为一个货运单位。而在《1980 年多式联运公约》中，计件方式取决于是否采用了装运工具，如果使用了装运工具，该装运工具就是货运单位，如果没有使用，货物数量本身是货运单位数。

根据《1973 年单证规则》的规定，多式联运经营人对于货物灭失、毁损的赔偿金额，不得超过 30 法郎/千克。如果发货人申报了更高的货物价值，并已载于多式联运单证，赔偿限额以此更高价值为准。但是，不论以任何方式计算，多式联运经营人的赔偿金额不得超过索赔方受到的实际损失。如果货物的毁损、灭失，是由于多式联运经营人故意或者明知可能致害而轻率作为或者不作为，那么，多式联运经营人将无权享受赔偿责任限额。

根据《1991 年单证规则》，第一，托运人可以在多式联运经营人接管货物之前，对货物作出价值声明并载于单证。但是，多式联运经营人在任何情况下对货物灭失、毁损的赔偿限额，均不得超过 666.67SDR/件、单位，或者 2SDR/毛重公斤，二者以较高者为准。这一规则，不同于以往国际公约或商事规则中，当事人约定限额与规则数额，取较高者为准的规定。而是采用了以规则数额为最高责任限额的方式确立标准。第二，关于计件方式，如果单证上列明了装载工具中的货物件数，以该件数为货运单位；如果单证上没有列明装运工具中的货物件数，则以装运工具为一个独立的货运单位。第三，若多式联运并不存在海上或内河运输，则多式联运经营人的赔偿责任以 8.33SDR/毛重公斤为限。第四，货物的灭失、毁损发生在一个明确的运输区段时，根据该运输区段所适用的国际公约、国内法规则，采用了不同的赔偿责任限额，那么，多式联运经营人对该区段货损的赔偿限额适用该运输区段适用的国际公约、国内法的规定。

两个单证规则中，《1973 年单证规则》的赔偿责任限额规定比较特殊，只有这里采用了法郎的计量单位，而其他国际公约、商事规则中，都采用的是特别提款权（SDR）的计量单位。《1991 年单证规则》的独特之处在于，其关于货损区段可以确定情况下的赔偿额适用标准，根据此规则，若该运输区段所适用的国际公约、国内法，采用了不同的赔偿责任限额，那么，多式联运经营人的赔偿限额适用该运输区段适用的国际公约、国内法的规定。这不同于《1980 年多式联运公约》中的相关规定，因为这里并没有就该运输区段适用的国际公约、国内法中的责任限额与此公约中规定的责任限额进行比较，而是直接使用该区段运输中国际公约与国内法中的责任限额。但《1980 年多式联运公约》中，只有当该运输区段适用的国际公约、国内法中规定的赔偿责任限额，高于此公约中的规定时，才以该运输区段适用的国际公约、国内法中的赔偿责任限额为标准。因而，《1980 年多式联运公约》在赔偿责任限额的规定上，对多式联运经营人的保护程度更大。

在货物发生灭失、毁损的运输区段可以确定的情况下，多式联运经营人的赔偿责任限额，适用调整该区段运输方式的相关法律。

在货物发生灭失、毁损的运输区段不能确定的情况下，多式联运经营人的赔偿责任限额，适用我国《海商法》中关于承运人赔偿责任限额的相关规定：

1. 货物发生毁损、灭失的情况下，多式联运经营人的赔偿责任限额采用双重计算方式，以较高数额为准：666.67SDR/件、货运单位，或者 2SDR/毛重公斤。

2. 若托运人在装运前，已申报货物价值并载于提单中，或者多式联运经营人与托运人约定了高于本法规定的赔偿责任限额，则以当事人的约定为准。

3. 在使用装运器具的情况下，若提单中列明了装运器具中的货物件数，列明的件数为货运单位数，若没有列明，以每个装运器具为一个货运单位数。在货运器具并非承运人提供或所有的情况下，装运器具作为一个单独的货运单位。

4. 在货物延迟交付的情况下，多式联运经营人的赔偿责任限额为，延迟交付货物的运费。在货物灭失、毁损与延迟交付同时发生的情况下，多式联运经营人的赔偿责任限额适用货物灭失、毁损情况下的一般赔偿责任限额。

5. 若货物的灭失、毁损、延迟交付，是由于多式联运经营人、其受雇人、代理人的故意或者明知可能产生损害而轻率作为或不作为而导致的，那么，多式联运经营人一方将不再享有赔偿责任限额的权利。

我国《海商法》中关于责任限制的规定，也允许当事人就赔偿责任限额进行自由约定，并且与《鹿特丹规则》中的适用方式一样，在当事人约定的责任限额高于法律规定的责任限额时，适用当事人的约定限额。我国《海商法》关于延迟交付情形下赔偿限额的规定比较特别，这种情况下，多式联运经营人的赔偿责任限额为延迟交付货物的运费。此规定标准不同于任何国际公约或商事惯例中关于多式联运赔偿限额的规定。在其他规则中，都规定延迟交付的赔偿责任限额为相应运费的倍数。笔者认为，这一规则应当与国际规则接轨，适用运费倍数的规定。首先，延迟交付的赔偿责任限额，应当为延迟交付货物的运费倍数，但应在目前最高限额规定的 2.5 倍以内。其次，此赔偿限额最终不得超过多式联运合同中约定的运费总额，避免赔偿限额过高。

笔者认为，关于责任限额的规定应当根据定域与非定域分情况讨论。在可以确定货损发生区段时，适用该运输区段适用的国际公约、国内法中规定的赔偿责任限额高于本公约的规定。在不能确定货损发生区段的情况下，责任限额应包含如下内容：

第一，最高限额。目前，在货物发生灭失、毁损时，多式联运经营人的赔偿责任限额大多采用双重计算方式，以较高数额为准。目前，存在的国际标准有：（1）920SDR/件或者其他货运单位；或者 2.75SDR/毛重公斤。（2）875SDR/件或者货运单位、3SDR/毛重公斤。（3）666.67SDR/件、单位，或者 2SDR/毛重公斤。可以从中选择，我国《海商法》适用的是标准（3）的规定。

第二，计件方式。计件方式取决于是否采用了装运工具，如果使用了装运工具，该装运工具就是货运单位，如果没有使用，货物数量本身是货运单位数。

第三，延迟交付情况下的赔偿限额。以延迟交付的货物所应当给付的运费的 2.5 倍数为限，同时，此赔偿限额不得超过多式联运合同中约定的运费总额。

第四，不涉及海上、内河运输情况下的赔偿限额。以 8.33SDR/毛重公斤为准。

第五，总限额。在货物毁损、灭失、延迟交付均有发生的情况下，多式联运经营人的赔偿责任总额，不得超过货物全部灭失情况下的赔偿责任限额。

第六，多式联运合同当事人的自由意志。多式联运经营人与发货人，可以就赔偿责任限额作出超出公约或者规则本身规定的数额约定。但是最终，多式联运经营人的赔偿责任总额，仍然要以货物全部灭失情况下的赔偿责任额为限。

第七，赔偿责任限额权利的丧失。故意或者明知可能造成损失而轻率作为、不作为导致损害发生的，原享有赔偿限制权利的人，将无权享有赔偿限制。举证责任由索赔方承担。

第五节　诉讼时效

时效，是依据法律确认法律文件、法律事实发生或者失去法律效力而持续的一个时间范围。[①] 时效制度由法律强行规定，当事人不能以自由约定的方式予以变更，因而，时效期间是一种法定期间。依据时效引起的法律后果，可以将其分为取得时效与消灭时效，取得时效经过时效期间，权利人取得相应权利，消灭时效经过时效期间，权利人丧失相应权利。诉讼时效就是一种消灭时效，诉讼时效届满，权利人丧失依据诉讼程序请求保护自身权利、强制义务人履行义务的权利。当今世界，关于国际多式联运的诉讼时效规定如下：

《1980 年多式联运公约》第二十五条规定：

1. 依据本公约关于国际多式联运的任何诉讼，诉讼时效为 2 年。但是，若货物在交付后 6 个月内，或者货物并未交付，在应当交付日之后的 6 个月内，没有作出书面索赔通知，在此期限届满后失去诉讼时效。

2. 诉讼时效期间自多式联运经营人交付货物或者交付部分货物之日的次日起算；若多式联运经营人并未交付货物，自货物应交付日的最后一日的次日起算。

3. 接到索赔要求的人，可以在时效期间内的任何时间向索赔方提出书面声明，要求延长时效期间，并且可以通过多次声明的方式继续延长。

上述规定的特点在于：第一，虽然作出了 2 年诉讼时效的规定，但是如果索赔方自货物交付后或者应当交付后的 6 个月内没有提出书面索赔的要求，也会丧失索赔权利。这一规定，对索赔方来说更加大了其主张权利的谨慎注意义务，若没有及时发出书面索赔通知，赔偿权也会失去保护。第二，诉讼时效期间以货物交付日或者应当交付日的次日起算。注意，这里的起算日并不是交付日或者应当交付日的当日。第三，公约对索赔方提出了延长时效期间的方式，索赔人可以在诉讼时效内，以书面声明的方式延续时效期间。这一规定，延续了对于索赔方索赔权利的保障。

《鹿特丹规则》第六十二条规定：

1. 诉讼时效为 2 年。

---

① 吴焕宁. 海商法学［M］. 北京：法律出版社，1996：439.

2. 起算时间：自承运人应当交付货物之日起计算，并未交付全部货物，或者交付了部分货物的，应当自交付货物的最后之日起计算。时效日期的起算日不包含在诉讼时效期间内。

3. 即使诉讼时效已过，一方当事人仍然可以提出索赔，或者以抗辩抵消对方索赔。

在诉讼时效与起算时间的规定上，《鹿特丹规则》与《1980 年多式联运公约》是一致的，其不同之处在于关于诉讼时效已过的规定。根据《鹿特丹规则》，诉讼时效届满之后，被索赔方可以就时效已过提出抗辩，但是，索赔方仍然可以继续提出索赔要求。因为索赔方在诉讼时效上，仅仅失去了以司法程序维护赔偿权的利益，却并没有丧失实质意义上对于货损的赔偿请求权。索赔方可以直接向义务人主张自己的赔偿请求，或者在义务人提出对己诉讼时，以自己对于货物的赔偿请求权对抗义务人的诉求。这种索赔权、抵消权的规定，是《鹿特丹规则》中的创新，在其他公约与我国国内法中都没有类似的规定。

《1973 年单证规则》第十九条规定，诉讼时效为 9 个月。起算时间为：（1）货物交付之日起；（2）货物应当交付之日起；（3）在没有相反证明时，因延迟交付，有权提取货物的人视为货物灭失之日起。经过诉讼时效，多式联运经营人将免予承担本规则下的一切责任。

《1991 年单证规则》第十条的规定，与《1973 年单证规则》中的相同。

两个单证规则中，关于诉讼时效的规定，第一，时间较短。《1980 年多式联运公约》《鹿特丹规则》中都规定以 2 年为限。第二，关于诉讼时效的起算，根据三种实际情况，做了三种起算规定。在货物完成交付的情况下，依据完成交付之日起算；在货物没有完成交付的情况下，依据应当交付货物之日起算；在货物因延迟交付，而被权利人视为业已灭失的情况下，以视为货物灭失之日起计算。笔者认为在两个单证规则中，关于诉讼时效起算的情况区分规定比较合理、明确，应当被我国国内法所吸纳。

我国《海商法》第二百五十七条规定，海上货运对承运人的索赔时效是 1 年。时效自承运人交付或者应当交付货物之日起计算。

我国《海商法》中 1 年诉讼时效的规定，与《1980 年多式联运公约》《鹿特丹规则》以及两个单证规定中的时效都不相同。

根据上述现有规定，笔者认为：第一，在诉讼时效上，存在 2 年、1 年、9 个月的规定，各不相同，可以根据运输实务选择适用。第二，在起算时间上，应当选用两个单证规则中分三种情况的规定方式：（1）货物交付之日起；（2）货物应当交付之日起；（3）在没有相反证明时，因延迟交付，有权提取货物的人视为货物灭失之日起。交付日、应当交付日、视为货物灭失日的当日，不包含在时效期间内。第三，应当吸纳《1980 年多式联运公约》中有关索赔声明的规定，以及《鹿特丹规则》中关于索赔权、抵消权的规定。从而更好地督促索赔方及时行使赔偿权，保护其实际权益。

第四章 对于现有国际多式联运相关规范的反思

第一节 单证规则的作用

一、《1973 年单证规则》促进多式联运单证的适用

1973 年 1 月 1 日，国际商会（the International Chamber of Commerce，ICC）根据《1969 年东京规则》（*Draft Convention on Combined Transport – Tokyo Rules*）和《1971 年 TCM 草案》（*Draft Convention on the International Combined Transport of Goods*，TCM Draft）制定了《1973 年单证规则》（后于 1975 年进行了修订）。因为当时世界上没有已经生效或者运用的国际公约，为了便于多式联运单证的实行，推动商业的进步，国际商会便采取起草一套较低限度的国际规则的方式，制定能够被国际社会接受，容易辨认的多式联运单证。《1973 年单证规则》属国际惯例、民间规则，其适用不具有强制性，供当事人自愿采纳。它在便利国际贸易往来、促进国际金融发展、简化国际贸易程序上，作出了重要贡献。从法律的角度来说，它为国际多式联运规则能够更顺利地进行提供了很重要的资料。尽管后来《1991 年单证规则》逐渐取代了《1973 年单证规则》，但是，它在比较老的版本的运输单证中仍然能够适用。①

二、《1991 年单证规则》弥补多式联运公约的空白

1991 年，联合国贸易和发展会议及国际商会联合制定了《1991 年单证规则》，于 1992 年公布实施。此规则是在《1973 年单证规则》的基础上，借鉴《1980 年多式联运公约》而制定的。在适用方式上，此规则属民间规则，供当事人自愿采纳。相比一般的合同条款而言，其条款的效力更高，在合同内容和此规则内容出现冲突的情况下，适用此规则中的规定，合同中对多式联运经营人需要承担的义务和责任做了更严格规定的除外。在效力方面，此规

---

① 邓立群. 国际多式联运经营人责任法律制度研究［D］. 哈尔滨：哈尔滨工程大学，2009.

则在多式联运合同中明示的国际公约和中外法不适用的情况下适用。此规则是为了规范多式联运经营人所需要担负的责任，在实施《1980 年多式联运公约》间起到承上启下的作用。

第二节　《1980 年多式联运公约》尚未生效的原因

1980 年 5 月，在日内瓦贸易联合会议上，通过了《1980 年多式联运公约》。缔约国认为，国际多式联运对于国际贸易有秩序地扩展，具有重要促进作用。有必要鼓励发展经济、高效、平稳的多式联运事业，以满足国际贸易的需求。在此过程中，为确保各国在多式联运发展过程中的切实利益与特殊需求，决定国际多式联运合同适用中的规则，尤其是确立公正的多式联运经营人赔偿责任。多式联运公约的出现，不应当对所有适用的和运输相关的中外法以及国际公约造成影响。各国有权利从国家层面管理多式联运经营人以及多式联运事业。确立多式联运公约，需要对发展中国家的利益和问题进行考虑，对使用以及提供多式联运服务方的利益分配要均衡，使海关手续不再复杂，对过境国的利益进行考虑。因而，此公约要求缔约国应当注意的基本原则主要有：第一，在实施国际多式联运期间，要使发展中国家和发达国家在利益方面实现均衡，让它们均衡地分担运输活动。第二，多式联运中运用新技术时，多式联运的协议国、托运组织、当事人，要就运输条件、条款达成协议，保护当地劳动力，使安全利益最大化。第三，托运人有权利对运输方式进行选择，采用分段运输或者多式联运。第四，多式联运经营人需要担负的赔偿责任，以推定过错原则为基础。① 然而，40 年过去了，这部专门针对多式联运制定的国际公约迟迟未能生效。笔者认为，主要可以从以下几个方面分析原因。

---

① "The States parties to this Convention Recognizing", United Nations Convention on International Multimodal Transport of Goods [EB/OL]. [2017 - 11 - 01]. http://unctad.org/en/PublicationsLibrary/tdmt-conf17_en.pdf.

一、公约的制定背景

第一，多式联运自身还没有得到完善发展，对国际规则的统一产生了一定的制约作用。虽然全球运输业已经快速发展，但多式联运依旧没有广泛应用于运输实践中。规则不一、市场准入、安全便利、运输技术、基础设施等，都会对发展多式联运造成局限。多式联运尚未形成独立、完整的普遍性商业运行模式。

第二，获得国际社会广泛认可的时机不够成熟。1980 年前后，由于多式联运的发展规模远不如今日，国际社会对于立法和统一规则的要求并没有当今强烈。加重多式联运经营人责任的理念是对的，但是，作为立法内容，时机尚不成熟。比如说"航运过失免责"条款，尽管有呼吁取消的声音存在，但是当真正取消时，却并未得到大多数国家的认可。因而，在 20 世纪 90 年代初联合国贸易和发展会议及国际商会制定的《1991 年单证规则》中，又把"航运过失免责"条款囊括进规则内容。

二、公约的基本责任制度

第一，没有充分保护多式联运经营人的利益。《1980 年多式联运公约》参照了《汉堡规则》对于承运人责任基础的规定，而不是《维斯比规则》，这种责任限额规定较高。在对责任制适用方面，就多式联运经营人来说，在对承运区段人进行追偿的时候困难重重。多式联运经营人责任增加的行为，不能得到航运大国的支持。从分配责任的角度来说，统一责任制可能使多式联运经营人不可以向区段承运人进行所有赔偿额的索要，而是由多式联运经营人对其中的部分担负。

第二，没有得到货方的支持，海运业进行抵抗，货方难以确定在公约中加入"增加多式联运经营人责任"是否能够带来诸多利益。货方没有对《1980 年多式联运公约》进行清晰的了解，代理人以及货方不清楚公约中至关重要的内容，并没有意识到公约的责任系统会有益于货方。在制定公约期间，没有征求货方的意见；在批准公约期间，货方极少参与其中。

第三，多式联运经营人的责任基础，以过错推定原则为归责原则，并没有专设条款列举多式联运经营人的免责事由，此规定显然对于经营人来说过于严格。对于签订协议的国家，其多式联运经营人需要对运输全程的货损承担推定过错原则，且没有免责事由，在以"过错责任＋免责事由"形式为经营人主要归责原则的今天，各国自然不愿接受公约中关于经营人责任基础过于严苛的规定。只要在多式联运经营人对货物进行管理期间，出现损坏货物的情况，而且其存在着过失，那么就需要担负起责任，并且由多式联运经营人担负举证对损害进行防范的责任。这样的规定，对于多式联运经营人来说过重也并不公平。

三、公约的生效与保留

第一，公约严禁缔约国作出任何保留。在公约第三十五条中进行了如下规定，在对此公约适用的时候，不可以做任何保留。这反映出，无论哪个国家在加入公约后，从公约生效开始，缔约国一方签订的全部多式联运公约都应该对公约中的规定适用。缔约国对于所有规定必须全部接受，不得作出保留。虽然是出于统一国际多式联运规则的考虑，但是这一规定，使缔约国一旦加入该公约就失去了一切自由选择的空间，势必影响各国的加入热情。而适用比较广泛的《海牙规则》，就给予了缔约国一些自由空间。《海牙规则》第十五条规定，所有缔约国在加入、批准、签署后，或者在此后的任意时间，都能够借助书面通知的方式告知比利时政府，在该国的主权范围内或者由该国负责的国际区域中哪些地域适用本规则的规定。比利时政府将在收到通知后的三个月内，扩大公约的适用范围到指定的区域。日后，若缔约国想终止公约扩大区域的适用，可以随时向比利时政府作出终止适用的声明。比利时政府收到此终止声明一年后，终止声明生效。可见，在《海牙规则》中，缔约国既可以在自由的时间内选择公约在本国负责的哪些区域内适用，也可以在未来停止公约的扩大适用。这在适用空间上给予了缔约国很大的自由权利。

第二，尚未满足公约的生效条件。根据公约第三十六条，公约在 30 个缔约国加入后的第 12 个月生效。然而至今只有布隆迪、智利、格鲁吉亚、黎巴嫩、马拉维、墨西哥、摩洛哥、挪威、卢旺达、塞内加尔、委内瑞拉、赞比亚、利比里亚 13 个国家加入，公约尚未生效。显然，目前参与的国家远远不够，而且都是在国际上政治经济影响力较小的国家。[①]

除此之外，也有一些其他的观点，但笔者并不十分认同。比如，认为公约未能生效是由于其立法主体不合适，制约了公约的协调性。因为联合国贸易和发展会议（United Nations Conference on Trade and Development）具有浓厚的政治色彩，是各个国家利益角逐之处，在此背景下制定的国际私法性质的国际公约，本身就欠缺生效的可能性。即便制定了公约，为了对利益进行权衡，会使内容繁杂，私法和公法规则同时存在，在整体内容上难以得到协调。但是，笔者认为任何合法设立的国际组织或者国际会议，都有其为统一国际规则而呼吁各国参与的权利与义务。更何况，联合国贸易和发展会议成立于

---

① Registration Number of the United Nations Convention on International Multimodal Transport of Goods [EB/OL]. https：//treaties. un. org/Pages/showDetails. aspx? objid = 0800000280025033 & clang = _en.

1964 年，是联合国的常设机构之一，负责对有关经济贸易发展的国际问题进行审核，也是联合国对可持续发展、技术、资金、贸易、发展问题进行处理的政府间国际机构。因而，由其组织此次立法，不存在所谓主体不合适的问题。国际多式联运的发展，本身就是促进国际经贸合作的重要内容。再如，有观点认为，在立法技术上，公约的生效条件太过苛刻。但笔者认为，30 个国家加入的规范并不苛刻。如果一个国际规则适用的国家屈指可数，就难以称为国际规则，至少起不到统一国际规范的作用。对于任何被广泛接受的国际规则，30 个成员国提出的要求都不算苛刻。

第三节 《鹿特丹规则》的可借鉴之处

一、"海运 + 其他" 的立法模式

1924 年《海牙规则》通过后，国际海运规则得到了一定程度的统一，承运人与货方的利益冲突得到初步缓和。但随着国际运输市场的变化，对《海牙规则》进行改革的呼声也越来越高涨。此后，《维斯比规则》对《海牙规则》进行了零星调整，这些调整体现在其具体条款中，但是传统的追责体制并未发生根本性变化。国际海运规则，一直在随着国际海运市场以及当事人之间的利益需求而不断发生着变更与革命。在实践中，由于缺乏统一的运输规则体系，国际贸易活动面临重重阻碍，极大地阻碍了国际贸易的有效性和自由性，运输成本随之增加。这一问题牵动着国际社会的关注，在当今国际贸易日渐频繁的时代，建立统一的国际货运规则，将有利于促进各国之间的经济贸易交流。

为建立统一的国际运输规则体系，联合国国际贸易法委员会采用"海运 + 其他"的立法模式制定《鹿特丹规则》。[①] 这种新型立法模式的提出，意味着《鹿特丹规则》相对于传统海运规则在实施目的上有所突破，它不仅仅是单纯地基于统一国际运输规范的目的，而是关于陆运、空运等整个国际运输体系的责任统一都在其涉及范围之内，希望构建一个以海运规则为核心，综合规范多种运输形式的国际公约规则体系。在世界贸易活动中，海运具有举足轻重的作用，与其他单一的运输模式相比，海运公约的提出对于统一国际多式联运规则具有更加突出的作用。此规则进行了多种创新，提出了很多新型规则，若它们能够对传统运输规范产生一定的作用，对海上运输领域的

---

① United Nation Convention on Contracts for the International Carriage of Goods Wholly or Partly by Sea (New York, 2008) (the "Rotterdam Rules") [EB/OL]. [2017 - 11 - 01]. http：//www. uncitral. org/uncitral/en/uncitral_texts/transport_goods/2008 rotterdam_rules. html.

法律规范产生影响，将极大地促进整个运输规范体系的统一和完善。

二、适用范围的扩大与责任制度的创新

相比《海牙规则》《维斯比规则》《汉堡规则》等现行海运公约，《鹿特丹规则》的适用范围最宽。它主要从两个方面对适用范围进行了扩大：第一，在运输方式的规定上，不仅适用于海运区段，也适用于其他运输区段。第二，在责任主体上，从承运人，扩大到履约方、海运履约方，进而将海运区段、港口与其他运输方式中的经营人也包括在责任的适用范围内。在统一责任制度的国际化进程上，此规则的主要立法创新在于，对海运区段之前或者之后的运输区段，排除适用国内法的规定，对已经加入区段运输方式国际公约的缔约国，采用网状责任制；如果没有加入区段运输公约，则适用《鹿特丹规则》中的规定。因而，这种责任制度又被称为"最小网络例外下的统一赔偿责任制"。①

联合国国际贸易法委员会在决定适用"门到门"海运规则时，面临两个选择性难题，即在网状责任体制和统一责任体制之间进行选择的问题。若适用前者，对于责任主体及承运方，一旦发生货损或延期交付的情况在可以明确运输区段的前提下，可以适用特定运输阶段的规则，当出现货物损毁、丢失、交付延迟的情况且运输区段不清晰时，可以适用全程统一规则来明确承运方的责任。虽然统一责任制在其制度的确定性上具有先天优势，但却没有获得广泛的支持。该规则引入了最小网状责任制度（最早由美国提出），以此为基础提出了新型海运规则，对运输当事人的责任予以明确，履约方是否适用本规则应当视情况而决定，而关于非海运履约方是否适用的问题，该规则应当尽可能地适用。这种方式有助于最大限度地保证《鹿特丹规则》的适用。

在责任制度的设定上，《鹿特丹规则》提出了"海运+其他"的新型立法模式。第一，在规则适用方面，《鹿特丹规则》承认关于海运之外区段国际公约的适用，但是排除区段运输国内法的适用。在缔约国没有加入其他区段运输公约的前提下，适用其规则中的责任制度。我国《海商法》要求多式联运必须包含海运区段，并且不包含沿海运输与内河运输。在明确货损区段的情况下，适用的是区段运输的法律法规。第二，在承运方责任方面，我国国内立法与《鹿特丹规则》同样存在不同。《鹿特丹规则》提出了完全过错责任制度，我国《海商法》则采用不完全过错责任制度，《国内水路货物运输规则》采用完全过错责任归责方式，《合同法》适用严格责任制度。《鹿特丹规

① 闻银玲.论鹿特丹规则对国际多式联运法律的统一［J］.中国水运，2012(8).

则》适用的是"门到门"规则，承运方的责任区间应当以接收货物为起点，以交付货物为终点。《鹿特丹规则》改变了发生火灾情形下的承运人免责的适用期间，规定只有当火灾发生于船上时，承运人才享有免责权利，并新增了关于海盗、恐怖活动方面的免责事由。《鹿特丹规则》中的这些改变，一方面体现了承运人责任加重的趋势，另一方面体现了现在国际货运中所遇到的新问题——海盗与恐怖活动对于国际货运安全的威胁。第三，在发生货物毁损或者灭失的情况下，承运人责任限额方面，我国《海商法》中的数额是666.67SDR/件或者2SDR/毛重公斤，赔偿限额以二者计算额较高值为准，当发生延期交付货物的情形时，承运方的赔偿范围应当以因货物延期交付所产生的运输费用范围为标准。在《鹿特丹规则》中，承运人对于货物在毁损、灭失情形下所应当承担的赔偿责任限额是875SDR/件或者是3SDR/毛重公斤，赔偿范围最高以二者计算额较高值为准，当发生延期交付货物的情况时，承运方所承担的损失赔偿金额应当以因延期交付货物所产生的运输费用的2.5倍为标准。不难看出，以赔偿限额范围为标准进行对比，不论是因货损还是因延期交付而导致的赔偿责任，我国国内立法比《鹿特丹规则》的标准都要低。

中国代表团参与了《鹿特丹规则》的起草程序，关于承运方赔偿责任最高标准的规定提出可以接受在《汉堡规则》和《鹿特丹规则》的规定之间，我国《海商法》并未明确运单转让和货物控制权的问题，对于运输合同权利转移的问题也未进行明确，在《合同法》中，托运方在货物运输期间有指示承运人终止运输的权利，有权变更货物交付地点，有权变更收货人，有权要求终止货物运输，同时承担相应的损失。在无法践行单证持有人和托运人的指示时，承运方应当及时通知对方；在货物运输期间，单证持有人和托运人有权行使其解除权和变更权，当承运方已经完成货物交付，持单人和托运方均无权变更和解除。若承运人切实履行了其运输货物、交付货物的义务，在因收货人的原因导致无法实现货物交付的情形下，单证持有人和托运人在此区间内依然享有解除权和变更权。承运人解除权形成的条件是发生不可抗力或托运人、单证持有人存在严重违约的情况，这也是承运方解除权形成的唯一条件，在此条件不能满足的情况下，只有单证持有人和托运人享有解除权。可见，关于控制权的规定，我国国内立法与《鹿特丹规则》存在差异。《鹿特丹规则》的规定范围，不仅局限于运输单证，而且涉及货物运输合同，特别是考虑到现在航运的现状，对非转让提单以及电子运输记录转让的问题进行界定，但是《海商法》却付诸阙如。

在对承运方义务责任问题进行规定的同时，《鹿特丹规则》对托运主体范畴作出了创新性的规定。明确了"单证托运人"的定义，以"港到港""钩到钩"归责原则为前提，创新性地提出了"门到门"归责区间的概念。这适用于未来货运服务体系的发展方向，也符合多式联运的特点。依据《海商法》的规定，国内各个港口的运输以及沿海运输不适用本法，国际港口的运输和国内沿海运输分别适用于不同的法律规范，这种做法或许符合当时对于国内贸易与对外贸易分别规定的立法需要，但却并不一定适合于现在多式联运的整体化运输需求。虽然对于沿海运输，我国在《合同法》中的运输合同部分进行了规定，但是《合同法》却并不能足够细致地应对沿海运输的特殊问题。基于水路交通的特殊性，为了补充现行法律规范的空白，我国交通管理机构颁布了《水路货物运输规则》和《水路货物运输管理规则》。但是，提单制度却并不适用于这两部行政法规所规定的我国内水运输与沿海运输，这极其不利于多式联运中对于"一单到底"的运输需求。从法律效力而言，与《合同法》相比行政法规效力相对较弱，若出现行政条款与《合同法》条款相冲突的情况，应当适用《合同法》的规定。对于纯粹的内水运输，国内立法的其他部分对其进行了限制，而对于沿海运输，出于对海运连续性的考虑，提单制度对其进行了限制。如果沿海货运最终不能规制在我国《海商法》中，那么，至少应当以特别法的形式对沿海货运进行规定。若能够将我国《海商法》的规制范围予以扩大，将沿海运输纳入其中，必然有助于推动中国沿海运输和国际海运规则的统一进程，有助于协调中国贸易发展和相关法律规范的关系。

三、概念的区分与细化

《鹿特丹规则》的一个重要贡献，是对于一些概念的进一步明确。受《汉堡规则》影响，《鹿特丹规则》采用了"承运方""实际承运方"的概念，并对二者进行区分。另外，新增了"履约方""海运履约方"的概念。在航运实践中，对于托运人来说，并不是在所有的情形下，承运人都易于辨别。在《鹿特丹规则》中关于承运方的界定作出如下规定：若运输单没有清晰界定承运方，依据推定原则，承运方可以推定为船只承租方或所有者。《鹿特丹规则》在明确承运方责任的前提下，明确了承运方归责原则和货物赔偿阶段的举证责任，笔者认为，对于举证责任的明确，值得我们借鉴。受《汉堡规则》的影响，我国现行立法明确界定了承运人、实际承运人、托运人、收货人的概念，并加以区分，这与《鹿特丹规则》中履约人、海运履约人、托运人、收货方等名词有所不同。笔者认为，关于履约方与海运履约方的概念区分，是值得借鉴的。

在规则的起草过程中，美国代表团认为，关于区段履约方的责任应当予以明确。履约方的概念在《鹿特丹规则》中如是规定：将承运方予以排除，履约方是指践行运输协议所规定的义务的人，履约方的行为遵照承运方的指示。海运履约方的概念在该规则中如是规定：所有在港区践行运输协议所规定的义务的人。可见，与《汉堡规则》中关于实际承运方概念的界定相比，该规则关于履约方概念的界定范围较为宽泛。海运履约方是指在自装货港和卸货港之间负有承运义务的人；可见这一范围并不包括陆上履约人，但是如果陆上履约人负有践行海运协议责任则可以视为海运履约方。关于海运履约人的权利义务和责任问题，该规则通过设立单独条款予以明确。同时该规则新增了关于承运方的单位责任限额的规定。关于货方概念的界定，该规则作出如下规定：同意在纸质运单或电子运单上记名为托运人的非单证托运人的人。换句话说，该规则将托运人和单证托运人的概念进行了严格区分，二者并非同一概念。当销售合同的模式为到岸销售时，货物出售方托运人应当包括在此运输合同和运输单证中所记名的托运人，此时托运人和单证托运人并无较大区别；当销售合同的模式为离岸销售时，购买人为托运人，运输合同的当事人为承运方和购买人，并非承运方和出售方，出售方是运输单证中的托运人，也就是单证托运人。

"海运履约方"制度的提出，可以避免在调整"门到门"规则过程中出现传统规则与新规则相矛盾的情形。设立该制度的目的还在于，统一海运法律规范，以此为基础进一步将海运当事人的权利义务和责任问题予以明确。因此，海运履约方责任制度作为一种调整多式联运规则的方式出现。对于非海运履约方而言，《鹿特丹规则》具有适用的强制性。第一，非海运区段所适用的强制性公约仅仅适用于货物出现损毁、丢失、交付延迟的情况，以上因素导致赔偿责任、时效条款和限制责任得以形成，该规则对于其他方面具有适用的强制性，将国际公约中的单一运输形式予以排除；第二，非海事运输区段所适用的强制性国际公约应当对责任主体有效，对责任主体无效的规则禁止适用。对于非海事运输区段而言，在国际公约中的单一运输形式不能适用且国内相关法律规范也不能优先适用的情形下，可以适用该规则。

"货物控制权"概念的设立原因在于，避免运输合同发生违约或者变化时卖方钱财两空的局面。货物的控制权与停运权是相辅相成的，货物控制方有权利依据运输合同指示承运人履行货物运输行为，它主要起到了保护货方利益的作用。尤其是在适用非可转让提单的情况下，货物控制权的规定有益于保护卖方利益。另外，该规则还明确了"货物控制权"的适用问题，其适用范围包括可转让运输单证、电子单证以及未填写运单的运输。《海牙规则》明确规定了权能流转的问题，提单记录可以作为初步证据，《汉堡规则》以及《维斯比规则》作出如下规定：转让提单之后，善意第三方当事人有最终的证明权，但是关于提单转让和货运合同权能的流转问题三大公约并未作出明确界定。《鹿特丹规则》同样明确了转让提单、转让电子单证所导致的权能转移问题，并对持单人责任予以规定。可以看出，权能转移的唯一方式是运单的转让。该规则规定单证的转让可以引起权能的流转，但是不会引起义务的转移。运输合同记载的责任转移的唯一条件是持单人行使了该运单中所约定的权利。但是该规则对于在没有签发单证或单证不可转让的情况下权能流转的问题给予了明确规定。对于转让运输单证是否必然引起权能的流转，国际立法并未形成一致观点。在英国法中，运输合同约定权利的转移方式是转让单证，这样的规定有助于清晰界定持单人和承运人的法律关系，虽然很多国家都认为持单人可以向承运人直接行使其权利，但是在国内立法中关于权利形成以及性质的规定却存在较大差异。该规则对提单转让的方式进行了规定，中国国内立法与其存在相同之处。我国现行法律规定，不得将记名提单进行转让，只有经过背书的指示提单才能够转让，对于不记名提单而言，则无须背书就可以转让。依据该规则的规定，单证转移必然引起运输单证权利的转移，中国国内法律与之有所不同，运输合同当事人之间权利的形成是因单证的约定而得以成立。可见，我国立法虽然承认了可以通过单证记载的权利义务来明确各方当事人的权利义务，但是关于单证持有人权利的形成却付诸阙如。可见，与英国立法不同的是，我国并没有采取合同转让说的立法原则。而且，就目前我国立法形式来看，该规则中所说的电子运输记录的转让，并不在我国《海商法》的规定范围内。

在"货物控制权"问题上，我国目前的立法尚未明确此种制度。虽然在《合同法》中，明确了托运人的停运权，从法律层面赋予托运人控制货物的权利，但停运权与《鹿特丹规则》中的控制权不能完全等同。所以，有的学者指出，在对现行立法进行调整和完善的过程中可以借鉴《鹿特丹规则》关于货物控制权的规定。在电子商务发展趋势下，《鹿特丹规则》提出了对电子运单进行限制的规则，而在《海商法》制定时期，电子商务并未发展至如今的程度。虽然，现在接受电子单证存在不小的难度，但却并不妨碍我国在电子运输记录上的立法研究工作，以便日后电子运输记录在国际海运中适用广泛之时，可以减小立法工作中的困难与阻力。

四、明确与单一运输公约的适用关系

《鹿特丹规则》对其与其他单一运输公约之间的适用关系进行了规定。由于《鹿特丹规则》调整的是"门到门"运输，那就必然面对与单一运输公约相冲突的问题。例如，一批货物从我国港口通过多式联运的形式向境外港口进行运输。如果当事人之间签订的是多式联运合同，货物在运输过程中会涉及公路、铁路、海上运输。《鹿特丹规则》与其他调整单一运输区段的国际公约之间，应当是怎样的适用关系呢？《鹿特丹规则》第八十二条明确规定，公约并不影响对于本公约生效时已经生效的，规定承运人对于货物损毁、损失赔偿责任的以下国际公约与未来对这些公约的任何调整的适用：（1）航空货物运输公约中关于运输合同的规定；（2）公路货物运输公约中关于船载公路货运车辆不卸货的货运规定；（3）铁路货物运输公约中关于补充铁路运输的海运区段规定；（4）内河货物运输公约中关于不在内河航道上和海上转船的规定。

在航空货物运输公约方面，世界上大多数国家和地区选择加入了《华沙公约》及其议定书《蒙特利尔公约》，该公约于 1958 年在中国生效。该公约主要对航空运输领域，关于运输单证、承运方义务责任、损失赔偿范围等问题进行了界定。该公约适用的范围较广，涉及货物和旅客的国际运输，值得注意的是，邮政国际运输不适用于该公约，而是适用于专门的邮政公约。国际运输是指，按照运输合同的内容，全部运输区段包括转运和经停区段，只要出发港口和目的地港口在缔约国境内即可，同一主权国家领土内的运输，不在该公约所指的国际运输范围之内。如果航空运输全程由几个连续的承运人分别进行，只要运输合同得到了合同当事人在整体运输区段上的认同，认为这是一个分区段但是整体的运输合同，那么即使某个航空区段在单一主权国家内进行，也并不排除该运输的国际性，依然可以适用该公约的有关规定。

依据《华沙公约》的规定，承运方的归责原则应当适用推定过失责任。在承运方免责事由和限制责任问题上则规定，承运方受托运方的邀约，填写运输单证，该单证一式三份，与货物一起交付承运人，一份跟随货物、一份交由承运人保管、一份交由托运人保管，当待运货物不止一件时，托运方可以在承运方要求下在各个货物运输单证上填写货物信息。如果运输单证上没有填写单证签发地与单证签发时间、货重、件数、体积尺寸等事宜，明确表示本次运输受《华沙公约》的规制，则承运方无权依据本公约的规定适用免责条款和限制责任条款的规定。托运方有准确、完整填写货物信息的责任，因填写错误给承运人带来损失，托运方应当向承运人进行赔偿。如果没有相反的证明，航空运输单证对于货物运输、承运方接收货物、运输要求具有证明作用，其所填写的货物信息应当具有真实性和准确性，可以排除托运方和承运方联合验货，对货物信息进行详细说明，有关货物情况的任何记载不得成为对承运人不利的证据。

在货物运输期间，包括货物经停和转运阶段，托运人均有货物提取权，同样有权将其提取权转让，或者要求承运人将货物运回发运港。但是，托运人行使此项权利不能给承运人带来不必要的损失，如果确实造成了承运人一方的损失，那么托运人应当对承运人的损失负责；如果承运人认为托运人的这些指示无法在实际中得以执行，应当将此情况及时通知托运人；因承运人未要求货物提取人出具运单就执行了提取人的要求，导致真正的单证持有人利益受损的情况下，承运人应当对此行为承担责任，但是，这并不影响承运人向托运人的索赔权。通常情况下，收货人在支付运费提取货物之后，有权向承运人提出交出运输单证的要求，并进行掌管，若运输合同中没有另行约定，承运方在货物抵达交付港口时应当通知收货方；当货物发生损失或出现延迟 7 日到港的情况时，收货方有权要求承运方执行合同约定的义务。为了便于货运手续的办理，托运人应当配合提供办理货运手续所必需的信息、资料，承运人没有查验这些材料真实性的义务，因以上资料缺失导致托运方未能切实履行义务而产生损失，应当向承运方进行赔偿。

在航空运输中，不论是哪个运输区段，一旦运输单证上记载的货物出现损毁情况，不论货损产生于什么地点，承运方均应当向利益相关人进行赔偿。这里所指的航空运输仅仅局限于航空运输，排除水路运输、陆路运输，但是如果水路运输和陆路运输是为了协助航空运输货物的装卸、转运等行为，可以视为航空运输区段。承运方一方面要就货物的损失进行赔偿，另一方面还要对货物延期交付承担责任，除了承运方能够证明其或其代理人在运输过程中已经切实履行了所有防范、补救义务，或者即使采取了这些措施，也不足以避免损害的发生，如果承运人只在驾驶、管理航空器上存在过失，在其他方面尽到了公约中、运输合同中所规定的义务，那么就免予承担损害发生的赔偿责任。因索赔方的原因导致货物受损，承运方负有举证责任，依据免责条款或限制条款可以免除或减轻其责任。承运方归于运输单证上所记载的货物承担的损失赔偿最高标准是每公斤 250 法郎，若托运方在交付货物时已经明确表示货物抵达目的地时将增值，并且向承运人支付了额外的运输费用，此时，承运人的最高赔偿限额以托运人在交付货物时主张的货物到运价格为准，就此事宜，由承运人承担举证责任。当事人不得通过约定的形式，免除承运人的赔偿责任或者降低承运人的最高赔偿限额。因承运人的过错或承运人代理人的过错造成货损结果，依照规则，承运人不能适用免责条款或限制责任条款。在部分运输区段中适用航空运输或其他运输方式的联合运输过程中，若航空运输区段中承运方严格执行了公约规定的义务，则允许其他运输方式的承运方在航运中计入其运输条件，允许承运方签订与本公约不存在冲突的运输合同。该公约中所说的日，是指连续的自然日。

基于统一《华沙公约》和其他规则，促进运输产业发展的目的，20 世纪末国际组织举办了《蒙特利尔公约》起草会议。2005 年中国申请加入该公约并获得批准，该公约于 2005 年 7 月在中国生效，《蒙特利尔公约》是《关于统一国际航空运输某些规则的公约》（*Convention for the Unification of Certain*

Rules for International Carriage by Air）的简称。设立该公约是基于维护国际航空运输中消费者的权益的目的，避免发生货物损毁、旅客受伤甚至死亡、行李丢失的情况，创建一个更为科学化和公平的利益权衡制度。一旦在运输区段产生货损，依据公约的规定，承运人应当承担损失赔偿责任。但是以下情形，承运人可以免责：货物存在固有缺陷；非承运人责任的货物包装存在问题；战争；政府的边境限制。关于货物运输的规定，《蒙特利尔公约》与《华沙公约》的主要区别在于以下两点：一是限制责任的区别，承运方承担的赔偿责任最高标准为 19SDR/公斤，除非托运人在向承运人交付货物时提出了更高的价格并且为此支付了额外费用；二是在责任制度上，《蒙特利尔公约》施行的是严格责任制度，《华沙公约》施行的是推定过失责任制度。

在公路运输领域，以交通车辆为运输工具的运输合同，适用 1956 年通过的《国际公路货物运输合同公约》的规定。该公约共计十二章，在内容上对适用范围、承运人责任、诉讼、索赔等问题作出了规定。在适用范围上，公约要求收取货物的地点与承运人交付货物的地点，至少应当有一处处于缔约国境内。如果由车辆运载的货物在运输途中，经历了海运、空运等其他形式的运输区段，但货物始终没有离开车辆本身，那么公约仍然适用于这种情况下的全程运输。这一规定与《鹿特丹规则》中关于公路运输公约的规定相互呼应。在公路运输过程中，由于承运人的过错致使出现货损情况或导致延期交付货物的，依据公约的规定，承运人应当向利益相关人进行赔偿；如果陆路运输合同本身是由托运人和陆路运输承运人之外的人签订的，依据公约的规定，不能认定承运人的责任。若承运人聘请代理人或他人实施运输行为的，承运人还应当对其代理人或委托人的行为承担责任。发货方与承运方分别在运输单证上签字，该单证一式三份，当事人各执一份，另一份随货物运输。承运人从发货人手中接收货物时，应当核对货物外观、数量与单证记载是否一致。承运人经认真核对，如果发现有出入，应当将异议与原因载明在运输单证上，除非发货人对货运单证上所记载的异议与事由表示同意或者接受，否则承运人的异议对发货人不具有约束力。发货人有权要求承运人对货物的外观或者重量甚至是内部情况进行复核，但承运人也有权向发货人主张因此而产生的额外费用，核对结果计入运输单证。货物运输单证的作用在于对货物运输协议的签订、内容等信息予以证明，在货运单证上没有特殊说明的，可以视为承运方接收的货物不存在明显缺陷。如果承运人没有在货运单证上对货物存在的明显缺陷作出特殊记载，那么由于货物包装问题而产生的对承运人的损害，发货人不对此承担责任。设立这一规则的意义在于，承运方在收取货物的过程中应当谨慎查验并认真填写运输单。发货方在交付货物之前应当办理好海关手续并向承运方提供，同时就运输所有信息向承运方予以说明。承运人无须对发货人所提供的海关手续等单证及情况的真实性承担责任，在这种情况下，非因承运人情况所导致的货损，应当由提供信息、手续的发货人一方来承担责任。承运人应当就运输单据中所记载的以及跟随运输单证的或交存承运人的这些单证中，对于由承运人所导致的单证灭失或者使用不当而引起的后果承担一个代理行为性质下的赔偿责任，但是，承运人应当尽到的赔偿义务，应当以货物全损情况下的赔偿金额为最高赔偿限额。

货物运输区段以承运方接管货物为起点，以交付货物为终点，若在此期间出现货损情况，承运方应当向利益相关人进行赔偿。承运方免责事由包括：货物自身存在缺陷的、因执行托运方要求而造成的货损、因索赔方自身原因而造成的货损、承运方在运输过程中已经尽最大的可能进行注意和防范，在免责条款中，承运方承担举证责任。除此之外，承运方免责事由还包括在陆路运输中车辆自身存在缺陷的情形、因代理人或委托人的过错而造成的货损。如果在运输单证中，承运人已经明确表示将使用无顶棚车辆进行运输，发货人并没有提出异议；货物自身原因容易发生腐烂生锈、虫蛀渗漏等情况或者包装不当，比如，货物标示不够准确；货物的装运、卸载、转移由货方或者货方代表进行；运输活物的情况下，所产生的货物毁损，承运人免责，并且，如果承运人因此类损害的发生而支付额外费用的话，发货人应当向承运人偿付此部分额外支出。如果存在上述风险，则推定货物毁损就是由此产生，但是，对于发货人来说，也可以提出证据证明货损的发生并不完全因为上述原因所产生，从而行使自己对于承运人的抗辩权。在公路运输中，若使用的交通工具为无顶棚车辆，发生货损情况，但是受损范围不大，承运方可以免予赔偿，如果受损范围大或全部货物受损，则承运方不能依据免责条款免除其赔偿责任。对于发货人没有使用准确的货物标示情形下的承运人免责，如果货物采用了适于报关货物的特殊装置运载，那么承运人必须证明在使用运输设备上并不存在过错，并且完全按照发货人的指示进行运输，否则将不能仅因为发货人使用货物标示不当而主张免责或费用索赔，免责权形成的前提是，承运方必须提供足够的证据证明自身已经完全履行了指示方的要求，同时已经采取了全部可以采取的管控举措。关于延迟交付的概念，公约作出如下规定：运输合同约定的运输期限届满承运方未能完成货物交付的，如果当事人未约定运输期限，根据一般运输惯例，在合理期限后承运方未能完成货物交付的，均可视为货物的延期交付。当事人约定交付期限的，在交付期间届满后30日内承运方未实现货物交付，当事人没有约定交付期限的，在运输60日后承运方未能实现货物交付的，可以依据现实情况判断货物已经发生灭失，索赔人可以认定货物已经发生灭失。索赔方在收到货物赔偿款之后，可以书面通知的形式告知承运人，如果在此后的1年之内，货物失而复得，应当以书面形式立即告知索赔方。即使最终货物得以返还至索赔方手中，索赔方仍然具有索得货物延迟交付赔偿金的权利。如果在承运人通知了货物权利人货物已经找到之后的 30 日内权利人没有回复，或者在承运人支付了损害赔偿金的 1 年之后货物才被找到，那么承运人有权根据货物所在地的国内法，对货物进行处理。

如果货损责任在承运方，承运方应当承担的损害赔偿的金额，参考承运方接收货物行为的当地、当时的市场价值，若无法依据市场价格进行计算或那时那地并不存在此类商品的交易，则依照与此类货物类型、质量相同的一般价值来计算承运方应当承担的赔偿金额，赔偿责任的最高标准应当在 25 法郎/公斤以下。当货物损失较大或全部损毁时，承运方承担的赔偿责任的范围应当包括：货物受损价值、全部运输费用、关税、与运输相关的其他费用等；当货物损失范围较小或部分损毁时，承运方承担的赔偿责任范围应当包括货物受损价值；由于超出交付期限导致利益受损的，索赔方承担举证责任，证明货物延迟交付的原因在于承运人一方，索赔方有权要求承运方向其进行赔偿，赔偿金额的最高标准为全部运输费用。因承运方的过错导致货物价值下降的，承运方承担的赔偿金最高标准为全部货物的总价值；因承运方过错导致部分货物受损的，其承担的赔偿金最高标准为该部分货物的总价值。适用该规则的规定，承运方可以免除或减轻赔偿责任的情况还包括由于货物损毁或不能如期交付引发的运输合同之外的损失。可见，承运方免责条款以及赔偿责任限额标准的适用范围有所扩大。

承运方在货物交付期限内完成交付，但是在货物交付环节承运方未能联合收货方一同验货，一旦出现货损，如果货物的灭失、毁损迹象并不明显，且承运人完成交付之后的 7 个工作日内，收货人仍然没有向承运人提出货物存在毁损、灭失的问题，那么就推定，承运人是按照运输单证上所记载的货物状况完成货物交付义务。若货物不能在交付期限内完成交付，索赔方提出赔偿的时效为 20 日，从货物交付之日起开始计算，请求赔偿的时效期间届满索赔方不得提出获得赔偿的要求，承运方因此可以免除责任。对于上述所说的时间期限，交付日、验货日的当日都不计入时效期。若货物不能在交付期限内完成交付，索赔方应当在一年内提出诉讼赔偿请求，从货物交付之日起开始计算，若行为人存在故意或出现法律规定的特殊情形，诉讼赔偿请求的时效可以延长至三年，如果货物属于部分损毁，从货物交付之日起开始计算；对于全部货物发生损毁、灭失的纠纷，如果运输合同中有交付时间的具体约定，自该时间届满之日起的第 30 日开始计算诉讼时效，如果没有约定具体交付时间，诉讼时效的起始时间是承运方接收货物之日起的第 60 天；由于其他情况引发的纠纷，其诉讼时效的起始时间应当是发货人和承运人签订运输合同后满 3 个月之日，诉讼时效不包括起算当日。公约对诉讼时效的中止也作出了规定，即索赔方提出书面索赔，诉讼时效即中止。如果索赔书中的部分内容取得了对方的认可或者同意，那么诉讼时效仅对未被认可的部分重新计算。诉讼时效的延长，不能通过当事人约定的形式发生，而只能依照法院地法来决定。超过诉讼时效后，当事人不能再以向对方主张债权的方式进行，可见，该公约的诉讼时效已过，不仅索赔方会丧失提起诉讼的权利，也同样会丧失部分实体权利。如果承运人已经按照公约要求承担了赔偿金，那么将有权对其他承运人进行追索，追索的范围包括赔偿金及其利益还有赔付过程中所产生的其他费用。

关于运输过程中的其他费用，排除因承运方因素导致的其他费用的产生，若承运方在货方要求下实施某种行为导致额外费用的产生，则由发出指示要求的货方承担相应的责任。若货物尚未到达目的地，且运输合同存在不可能完成的情形，或货物已经抵达目的地，收货方拒绝接收货物，承运方有权实施立即卸载的行为，运输合同随之结束。承运方行使货物控制权可以亲自行使也可以委托给他人，选择委托人时应当谨慎，运输费用以货物价值作为担保。这是在运输合同履行不畅的情况下，对于承运人利益的保护条款。在货物容易腐烂、不易保管、收货人拒不收货的情形下，承运人不必遵循货方指示，可以直接将货物进行出售。货物经承运人出售之后，所得价款应当首先减去货方应当支付给承运人的那部分费用，余款归对货物拥有提取权的人所有，如果所售价款超出了货物的本身价格，那么就超出部分，承运人可以拥有。出售货物的相关手续，依照出售货物时货物所在地的国内法或者商业习惯办理。

联合国欧洲经济委员会制定《国际公路货物运输合同公约》的主要目的在于，简化国际公路运输关税和运输手续、减少运输费用，将国际公路运输单证和承运方义务责任问题进行统一，维护运输途径国家的税收安全。为了进一步促进国际集装箱运输，联合国欧洲经济委员会于 1956 年组织制定了专门针对集装箱运输的关税协定，目的在于在缔约国之间免除彼此的过境关税，降低公路运输成本，在此关税协定的基础上，联合国欧洲经济委员会提议各成员国加入《国际公路车辆运输协定》（TIR），根据此协定的要求，持有 TIR 手册的公路承运人，可以在货物运输的全程不受海关检验、不必支付税收、押金。TIR 手册由国家当局批准的运输集团发布。该协定于 1960 年开始施行，虽然 1956 年《国际公路货物运输合同公约》与 1960 年《国际公路车辆运输协定》在制定之初都具有很强的区域性，但是随着欧洲之外的国家的加入，以及国际公路货运的不断发展，而今二者已经在国际公路运输规则中占有举足轻重的位置。

为了推动"一带一路"倡议，我国加入了《国际公路车辆运输协定》，根据规定，在公路运输中，从事集装箱运输的承运人可以自发货地到交付地的整个过程中免予检查、赋税与押金。据调查，我国在加入 TIR 之前，与欧洲贸易货物运输的时间平均为 28 天，在加入 TIR 之后，公路运输的时间将最少缩短 7 天的时间。2015 年的统计数据显示，中国与欧盟成员国的贸易总额是 5200 亿欧元左右，其中五分之三的货运量是通过海上运输来完成的，中国出口至欧盟国家的货物中有十分之一依靠的是铁路、公路的陆上运输来完成的，欧盟国家出口至中国的货物中，公路、铁路的货运量只占 3.2%。中国加入 TIR，将扭转这样的贸易形式，中欧之间的货运将加大对陆上运输的依赖。TIR 目前有来自欧盟、北非、中东的多个国家的加入，我国加入 TIR 后，其成员国数量将达到 70 个，成员国遍布世界五大洲，该协定于 2017 年 1 月在中国正式生效。目前印度与东非国家也在积极申请加入 TIR。[①]

在《鹿特丹规则》下，铁路货物运输公约，适用于货物从铁路运输转至海上运输，或者是货物经过海上运输卸船后交铁路运输方面转运的情形。这里所指的铁路货物运输公约主要是《国际货协》与《国际货约》两大公约。我国于 1954 年 1 月加入该公约，公约对于我国发展与蒙古国、朝鲜、俄罗斯国、欧洲之间的进出口贸易具有良好的促进作用。在经济全球化的大时代背景下，20 世纪 80 年代以来，我国开始了西伯利亚铁路带上的集装箱国际货物铁路联运建设。在发展集装箱铁路运输的同时，也在积极利用西伯利亚大陆桥的运输功能，逐步实现陆、海集装箱联运的综合运输体系。20 世纪 90 年代以后，亚欧大陆桥开通，这条连接鹿特丹、连云港的东西铁路带，为贯穿亚欧大陆的铁路运输建设作出了重要贡献，也开辟了欧洲与亚洲之间贸易的新模式。中欧集装箱班列成为铁路集装箱国际联运范畴内的代表性运输模式。

《国际货协》中主要涉及铁路运输合同的订立、运输的组织、运输责任、当事人权利义务、损害赔偿、诉讼时效等问题。根据《国际货协》的要求，国际铁路货运应当使用一份铁路货运单据进行，承运人的责任制度采取的是统一责任制。关于协定中没有规定的事项，可以适用权利人行使权利时的所在国法律。关于法律如何适用问题，凡是协定已经作出明确规定的，即便国内法中也有相关规定，不论二者之间是一致的还是相互矛盾的，都应当适用该协定中的规则，但是如果两个缔约国是相邻国家，而且两国之间存在特殊例外规定，应当遵从两国之间的约定规则。至于该协定中所未曾涉及的方面，如果国内法中有相关规定，那么适用国内法中的规定。也就是说，我国作为

---

① 樊诗芸. 中国加入《国际公路运输公约》——打造通往欧洲的新丝路 [EB/OL]. http://www. thepaper. cn/newsDetail_forward_1504886.

《国际货协》的缔约国，凡是通过铁路方式进行的国际货物运输，都应当首先遵循该协定中的规则。《国际货协》主张以运输合同为基础的国际铁路货物运输，因为有运输合同作为基础，当事人之间的权利义务更加容易明确。缔约国之间如果涉及国际间的货物铁路运输，就应当共同遵从《国际货协》所制定的基本规则。我国是该协定的缔约国，在调整我国同缔约国之间有关铁路货运关系时，依据的主要国际法规则就是《国际货协》。

该协定的缔约国参与往返货运的运价，按照统一过境价格计算、办理，该协定只适用于缔约国境内的铁路货运区段。从运输路线来说，必须是跨国境的国际运输，相关铁路货运单证、文件必须按照该协定的规则统一办理，对运输单证的要求严格，是《国际货协》的特点之一。按照该协定承担铁路运输责任的当事人应当对铁路的全程运输负责，直至货物运达目的站完成交付为止，如果收货方不是该协定的缔约国，那么协定规定下的承运人运输责任，到按照另一种运输规则办理完备运输手续时为止。对于下一阶段的运输来说，承运人自接收新阶段货物时起，就视为参与了运输，并承担由此产生的运输责任。对于承运人一方，从该承运人接收货物时开始，一直到将该货物运输至终点站将货物交付给收货人为止的这段时间，都属于承运人的责任期间。在该期间如果出现了延迟交付货物的情况，或者货物出现了损毁、灭失等情形，承运人都应当承担赔偿责任。按照《国际货协》的规定，在铁路运输阶段，承运人应当承担的最高赔偿责任应当是货物全部灭失时所计算的赔偿额度。该协定对某些情况下的货物灭失、毁损，规定了铁路承运人的免责事由，比如，铁路运输方所不能预见或消除的情况，由货物自身性质或者包装缺陷所导致的货损，货方原因所导致的货损，如果货物数量、包装完整，可是重量减少，承运人免责。如果遭遇自然灾害，或者运输过程中出现了其他使铁路运输中断的情况，应相关国家铁路运输当局的要求，延迟交付的时间在 15 日内，承运人可以免除因延迟交付产生的损害赔偿责任。根据本协定的规定，在发生货物毁损或者灭失的情况下，货物的赔偿金额应当根据发货方提供的账单列价来计算，如果没有价格单证可供遵循，就按照国家当局所提供的价格来认定，承运人应当按照由此计算出的赔偿金额承担责任，对于无价格可遵循的家庭用品类货物，应当按照 2.7 卢布/公斤的价格予以赔偿。在计算赔偿金的时候，应当将实际毁损部分的货物损失、与该部分货物有关的运费、其他同运输有关的费用、关税等计算在内，同运输合同无关的费用不应当进行计算。在计算毁损货物的时候，对于承运人而言，只需要承担该部分货物的价格减少部分。在货物发生全损的情形下，承运人承担的赔偿额也不应当超过货物全部灭失时的赔偿额度；在货物只发生了部分毁损的情形下，其赔偿金额也不应当高于该部分毁损货物在全部灭失之后的赔偿额度。

货物交付延迟的情况下，由此产生的超额运费，承运人应当向收货人支付罚款或者赔偿款，此款项的计算标准是承运人超期交付的时间占正常交付情况下运输期限的比例，具体来说，如果货物运达超期不足货物总运期的 10%，应当交付相当于运费 6% 的罚款，随后，逐层按照 6% 及基准翻倍，如果货物运达超期超过货物总运期的 11% 但不足 12%，应当交付相当于运费 12% 的罚款，如果货物运达超期超过货物总运期的 12% 但不足 13%，应当交付相当于运费 18% 的罚款，如果货物运达超期超过货物总运期的 13% 但不足 14%，应当交付相当于运费 24% 的罚款，如果货物运达超期超过了货物总运期的 14%，应当交付相当于运费 30% 的罚款，这些数据可以累积运程计算，比如说，如果火车在某一运输区段早于预定时间到达，可以抵消超时到达的部分罚款。本协定中，与运输合同有关的诉讼时效是 9 个月，但是延迟交付的诉讼时效是个例外，应当在 2 个月内提出。在货物发生部分灭失、损毁或者承运人延迟交付的情形下，其诉讼时效从货物交付之日开始计算；在货物发生全损的情形下，诉讼时效的计算起始日是从货物完成交付后满 30 日；如果是与运费等费用有关的赔偿请求，其诉讼时效计算的起始日是从付款之日开始，但是，假如没有发生付款，则应从完成货物交付之日开始计算诉讼时效；在已经变卖货物的情形下，涉及货损的，其计算诉讼时效的起始日是变卖货物之日。诉讼时效可以中止，其条件是货方向承运人提出赔偿请求，不过假如货方的赔偿主张被认定为重复性主张，则诉讼时效不中止。根据本协定的规定，如果承运人已经支付了货物的灭失、毁损、延迟交付所产生的赔付金，那么可以向以下人员主张索赔：第一，造成实际货损的运输方应当承担最终赔付责任；第二，如果货损是由于各个运输区段的承运人之共同过失所导致，那么每一运输区段的承运人都应当对自己行为所产生的损害部分承担赔偿责任；第三，在无法证明损害产生的具体责任人时，多个承运人在每一个运输区间所承担的责任份额，应当按照该承运人在该次货运中实际承担的运输里程所占的比例来确定。《国际货协》有自己的一套办事细则、运价计算方式，参与本协定的各个缔约国当局，应当采用协定所要求的统一货物计价标准、统一的车辆使用规则等。

对于东欧地区的国家而言，通常情况下，一旦加入《国际货协》，则自然也成为《国际货约》的成员国。欧洲各国于 1890 年派出代表在瑞士小城伯尔尼召开会议，在该次会议上《国际铁路货物运送规则》获得通过，并于 1893 年开始生效。从这时开始，国际铁路货运开始了制定完整的铁路联运规则的进程。之后，《国际铁路货物运送规则》历经重重修改，后定名为《国际铁路货物运输公约》，而今已有包括英国、德国、法国、瑞典、意大利等在内的 49 个成员国。作为全球最早开始拟定的国际铁路运输领域的国际公约，《国际货约》与《国际货协》一样，都有自己独立的运价规则，这对于跨越不同国境的国际铁路运输的运费计算工作来说，意义重大。各个区段的运输费用在经过结算中心的统一结算之后，再分摊到各个运输区段，不参与统一运价的国家，可以自行收取其境内的运输费用。20 世纪 60 年代，由于中苏关系破裂，导致了《国际货协》规定下的各国分段计费的情况，如今参与《国际货约》的国家，也并非都适用公约的统一结算模式。①

　　该公约适用于至少跨越两个成员国境内的铁路联运，也就是说，如果始发站与终点站都在同一国家境内，则不能适用此公约。从地缘上来讲，相互毗邻的两个国家之间或者途经第三国境内的毗邻两国之间通过铁路发生了货运纠纷，假如该次货运的线路是由三个国家中的某一个国家单独经营的，那么，关于该次货运的法律适用就以经营国的国内法为准，对发货人来说，应该使用适于在三个国家之间进行运输的单证与法律。在货物从承运人接收到交付的全部过程中，如果发生了毁损、灭失或者延迟交付的情形，则承运人通常应当承担赔偿责任，但下列情形属于例外情形，承运人不需要承担责任：一是发生该损害的责任在货方；二是货物本身存在缺陷；三是承运人的所有行为都是按照托运人的要求而开展的。但是承运人必须承担以上情形的举证责任。假如货物是按照《国际货约》的规定发出的，并且同样是按照该公约的规定进行转运，在转运行为已经发生之后，才发现货物存在毁损、灭失的状况，如果在这个货运期间，货物一直处于承运人的管控中，转运前后所采取的运输条件是一样的，那么就可以推定，损害发生在转运之后的阶段。假如在转运行为发生之前的运输区间并不适用《国际货约》的规则，并且所适用的某个公约的适用范围是该次货运的全过程，则我们也可以推定经转运之后的运输区段是该货损的发生区间。如果货物还没有交付给收货人，或者收货人在货物运输期限届满后的 30 日内仍然没有实际管控该单货物，那么拥有该单货物提取权的人就可以在不需提供证据的情况下主张该单货物已经完全灭失，并且该权利人在已经实际获得赔偿款后，仍然可以通过书面形式主张在获得赔偿金之后的 1 年内如果发现了货物应当获得通知，通知送达权利人之后 30 日内，权利人可以请求在运输全程中的任何一站提取货物，但仍应支付从发货站到货物实际交付站之间所产生的运输费用，已经获得的货物赔偿金不必再行返还。对于铁路运输过程中所产生的货物毁损的赔偿责任限额，该公约与《国际货协》中的限额要求一致。对于超期运达的损失赔偿限额，公约规定如下，超期时间达到 48 小时以上，如果货损不是因为逾期交付本身

---

　　①　The Convention Concerning International Carriage by Rail［EB/OL］.［2017 - 11 - 01］. http：//www. cit - rail. org/en/rail - transport - law/cotif/.

所造成的，那么承运人应当返还给货方运费的 10%；如果货损是由逾期交付所导致的，那么承运人应当向货方承担运费 2 倍的赔偿金。承运人可以就运价或者货物毁损、灭失以及延迟交付等事项与货方进行约定比规定运价更低的运价或者最高赔偿限额，但是，应当对此种约定在货物的运价规程中作出明示，如果约定的运价只适用于全程运输的某一个区段，那么在运价的适用上也必须严格按照此约定中的运程适用范围来实施。承运人的代理人、委托人或者受雇人按照承运人的指示所实施的行为承担责任。公约中，由于货运合同而引发的纠纷之诉讼时效是 1 年，但是，也对涉及转运、欺诈、故意毁损货物、收回货物净收入、收回向收货人所支付的交货金额五类问题作出了 2 年诉讼时效的特别规定。在货物发生部分灭失、损毁或者承运人延迟交付的情形下，其诉讼时效从货物交付之日起开始计算；在货物发生全损的情形下，诉讼时效的计算起始日是从货物完成交付后满 30 日；如果是涉及运费的诉讼纠纷，要分三种情况讨论：第一，若运费已经支付，那么自运费支付之日起开始计算诉讼时效；第二，如果运费尚未支付，当发货人应当支付运费时，诉讼时效自发货之日起计算，当收货人应当支付运费时，诉讼时效自收货人实际收到货运单证之日起开始计算；第三，如果运费是依照运费通知书的要求计算并支付的，其计算诉讼时效的起始日应当是从发货人收到运费单之日，假如收货人还没有收到运费单，则计算诉讼时效的起始日应当从该次货物的运输期限届满之日顺延推后 30 日起开始。关于收回已售货物货款的诉讼时效，应当自货物被出售之日起开始计算。涉税纠纷的诉讼时效，应当自海关征税之日起开始计算。如果权利人向承运人提出了书面的索赔请求，诉讼时效应当自承运人同样以书面形式拒绝索赔方之日起开始计算。在索赔款项仅得到了部分确认的情况下，诉讼时效仅针对未受承运人认可的那部分索赔款重新开始计算。索赔方应当对承运人拒绝赔付或者退回索赔书的行为承担举证责任。如果权利人的索赔请求是以相同的事由提出的，则不能中止诉讼时效，该规则同《国际货协》中关于诉讼时效的规则是一致的。关于诉讼时效的中止，适用诉讼地国法律管辖。一旦超过了诉讼时效，权利人不得再对赔付事项提出主张。对于另外的铁路货运纠纷，诉讼起算之日是诉讼权利产生之日，诉讼时效的起算日不包括在诉讼期限内。承运人在完成了对货方的损害赔偿义务之后，对参与运输的其他承运人享有追索权。假如发生货损的直接原因是承运人的责任，那么该承运人应当承担该笔货损的最终赔偿责任。假如货物发生灭失、毁损是由多个运输区段的不同承运人所造成的，那么责任人应当按照自己所承担的运输里程占比来分担损害赔偿责任，相比《国际货协》，该公约增加了某责任区段承运人破产的责任分担方式，该承运人仍然需要承担自己应当承担的赔偿份额，并按照共同损害责任中采用的计算方式进行具体计算，即按照自己实际承担的运输里程在全部里程中所占的比例来计算。关于延迟交付赔偿额的追索，如果延期交付的产生原因是多个运输区段的承运人的共同运输不当行为，那么赔偿金额应当由这些责任承运人按照各自的超期运输里程来分摊。运输期限的计算上，可以在前后承运人之间各自平分，或者按照各自在总运输里程中的占比来分配。当事人之间可以通过合同的形式，规定承运人之间追索权的行使方式。公约还规定了海铁联运中的承运人免责事由：船方对于管船过失免责；由于船舶安全、配备、存储等问题产生的货物损毁、灭失或者延迟交付情形，假如承运人能够证明自己确实已经履行了适航义务，则该承运人不需要承担赔偿责任；如果发生了火灾，则承运人免责，但他需要证明该火灾的发生与其无关；意外危险事故与海难对承运人免责；如果是因为进行海难救助而导致货物出现毁损、灭失或者迟延交付，则承运人免责；另外，假如舱面运输是经货方认可的，则承运人对采用舱面运输的货物损失不承担责任。铁路运输对于核运输事故免责。

　　铁路运输，因其具有低能耗、污染小、运量大、相对安全等优势，在多式联运过程中占据着非常重要的地位。铁路运输能够将几乎任何种类的货物（不需要考虑散装或者大宗等情形）从一地运送至非常远的另一地；在各种运输方式中，铁运的运速仅次于空运；与其他货运形式相比，铁路运输受自然环境、天气气候的影响最小，因此可以保证全年货运不间断；是实现多式联运综合性运输模式中非常重要的运输形式。2014年李克强出席中国与东欧国家领导人会议，在此次会议中签订了中欧陆海快线北部区段的建设合作备忘录，这意味着中欧海铁联运目标的实现指日可待。我国与周边各国合作建设的铁路，将最终形成一个庞大的铁路网络，为日后我国多式联运陆海部分建设，奠定良好的铁路运输网络基础。目前来说，现有的铁路国际货运规则体系，是以《国际货协》与《国际货约》两大规则为主。

　　在内河公约方面，2000年《布达佩斯内河货物运输合同公约》（以下简称《布达佩斯公约》）是当前国际上主要规范内河货运行为的公约。该公约的适用情形如下：第一种情形是由内河进入海上的国际货运行为；第二种情形是由海上进入内河的国际货物运输，但是两种情形都需要满足以下条件，即不论是在哪一个运输区间，该笔货物都是装载在同一船舶上的，也就是说不发生承运船舶的改变。另外，《布达佩斯公约》为了解决与非水运、海运区段在适用公约方面可能存在的冲突，以《汉堡规则》第二十五条为参考，对于公路、航空、铁路运输中的冲突适用情形做了规定。①

---

① 吴焕宁. 国际海上运输三公约释义［M］. 北京：中国商务出版社，2007：222.

五、对《鹿特丹规则》的态度

《鹿特丹规则》打开了一些解决多式联运问题的新路径，相较于《1980年多式联运公约》，扩大了调整范围。"单一运输方式＋其他运输方式"的运输规则，将单一运输方式扩大到该运输方式之前以及之后的运输方式上，对今后制定多式联运规则具有非常大的指导价值。

我国在加入《鹿特丹规则》的问题上，意见并不一致。一部分人认为，该规则适应当前海运事业发展的趋势，对于统一货运规则非常有利，也能够促进我国对外贸易事业发展，因而主张积极加入；另一部分人认为，该规则在当事人权利义务的规定方面是不是公平合理还有待研究，且该规则的生效前景还有待观察。并且国际社会当前并不是完全认可该规则，比如英国就明确表示了反对态度。规则中对承运人责任的加重，各种约束的增加，以目前我国航运事业的发展状况，适用《鹿特丹规则》是否真的可以产生积极的作用，各个航运企业对其中的责任程度能否接受或者承受，还需要实务界与学术界的共同商讨与实地调查研究。更深层次地说，航运规则的变换，所影响的并不仅仅是航运业本身，还牵动着整个贸易经济的发展，适用《鹿特丹规则》是否真的有利于我国的全局利益，这并不是个一日可定的议题，需要慎重对待、调查研究。基于《鹿特丹规则》试图确立一套以国际海运为核心的统一运输规则，并在内容上对于当事人的权利义务分配进行创新性配置，结合当今世界的多层次发展与多元化的发展模式，我国应当对《鹿特丹规则》进行慎重的考量。

有观点认为，《鹿特丹规则》所期望的航运秩序，过于学术或者止于理念，一时间很难达到或者实现。但是就长远来看，《鹿特丹规则》却预示着一个新的航运时代的到来。对于国家利益而言，很难像一个独立个体一般去对待与解决问题，国家更应该全面、多趋向地斟酌、考虑其行为。莫世健教授认为，中国作为贸易大国同时也是航运大国，应当对《鹿特丹规则》进行积极地学习、研究，这在一定程度上体现出我国对于《鹿特丹规则》生效与适用的推动作用，为迎接新的航运时代所作的贡献，积极参与国际海运秩序的构建，从而确保自身利益的体现与维护。《鹿特丹规则》期望通过各国的认同与支持，实现统一海上货运规则，乃至包括海运在内的多式联运规则。但由于规则所涉及的范围过于广泛，规则创新部分的内容又略显繁杂，加上规则的生效条件是需要二十个缔约国的批准，短时间内该规则难以立即生效。其实，不仅我国对于是否加入《鹿特丹规则》处于观望期，国际社会上对于《鹿特丹规则》的态度也并不一致。2010 年 5 月，欧洲议会明确提出，建议各个欧盟成员国积极推动《鹿特丹规则》的生效进程，为构建崭新的国际海上货物运输责任体系作出贡献。2010 年 2 月，美国海商法协会与其他相关部门联合向美国议会提出报告，希望美国众议院可以积极促使参议院批准《鹿特丹规则》，不仅如此，很多学术界人士也对于美国加入《鹿特丹规则》持支持态度，希望通过美国加入《鹿特丹规则》，来引领美国国内海上运输法的现代化进程。与此态度相反的是，国际货运代理协会联合会下的海上运输工作组却主张其成员国不要加入《鹿特丹规则》；欧洲物流协议也认为，与以往的海上货物运输公约相比，《鹿特丹规则》的内容过于庞杂，不易于解释与适用，这样一个复杂的法律文件，其规范的明晰程度，还不足以被国际社会作为一个统一的规则来广泛地接受与运用。关于国际社会对于《鹿特丹规则》的态度，在下文中会做进一步的阐述。

从我国《海商法》的立法传统来看，对于国际海运公约中的内容或者精神均有吸纳。在修改《海商法》的过程中，应当从《鹿特丹规则》的制定过程中吸取积极经验。在新的经济发展趋势下，唯有积极参与国际规则的起草和制定，才能更好地保障本国的权益，使越来越多的国家看到我国的实际状况，才能在执行国际规则过程中充分考虑我国实际的发展需求。我国在对其态度上，或者说在修订我国《海商法》的过程中，对于《鹿特丹规则》依旧应当坚持扬长避短的态度，尽量吸取其中有利于提升多式联运综合运输体系建设的规定，积极向国际社会统一运输责任、运输单证的目标靠近。《海牙规则》《维斯比规则》《汉堡规则》从通过到生效都历经了少则 8 年多则 15 年的时间，《鹿特丹规则》的生效，一样面临着时间上的考验。《汉堡规则》并没有受到国际航运大国的青睐。未来，即使得以生效，也未必就能够得到全世界各国的统一接纳或者支持。对于《鹿特丹规则》未来的命运如何，是否能够得到国际社会的广泛认同，我们应当积极关注。不论未来国际货运规则如何变换，其核心意义仍然应当是保护健康、合理的国际运输环境，满足国际货运市场的运输需求，平衡承运人与货方的权利、义务、责任。我国也应当充分考虑本国货物运输市场的情况，增加与国际货运市场的契合度，来适用国际规则。

采纳国际规则，往往需要考虑本国的经济现状与政治需求，从而决定是否接受新的规则，如何与本国的规则相融合，以制定出新的规则体系。以目前的情况来看，我国政府有必要进一步了解与掌握有关《鹿特丹规则》的全面信息，立足本国的现实发展与国际运输的实际需要，来充分考量加入《鹿特丹规则》的意义所在。在没有充分的科学根据可以证实，加入新的国际规则将比我国立法现状更加有利于货运发展的情况下，不应当采取贸然加入的方式来接受公约。应当谨慎研究与加深了解，保留参与其中的可能性。其实对于目前的工作重点来说，最为重要的不在于加入《鹿特丹规则》与否本身，而在于能不能够真正地了解规则内涵，广泛、公开地接纳社会各界的意见，最终，以科学、合理的方式作出有利于我国在国际货运发展方面的决定。有观点认为，国际社会对促进国际货运统一的积极实践，尽管存在需要进一步成熟的地方，我国应当采取积极的态度，期盼其进一步完善、提高，在积极参与改良和规则制定的过程中，与世界各国进行交流与探讨，我国应当与国际社会保持良好的交流、探讨模式。在《鹿特丹规则》等待生效或者发展的过程中，我国应当全面参与公约的制定与研究，也可以通过签署的形式，表明对于积极探索全球货运规则的决心。

《鹿特丹规则》作出了一些大刀阔斧的创新，都是现有的国际货运公约中所不曾涉及的制度或者领域。该规则希望通过囊括更多的规则、制度，来统一以海运为核心的庞大的国际多式联运系统，这难免会使公约在内容上变得庞杂，且难以作出统一的解释，那么对于各国来说，在具体适用上，也会产生差异。因而有人认为，想要通过一部规则统一国际多式联运中的当事人责任制度，是很难实现的。笔者认为，统一国际货运规则是未来的运输趋势，也便于实现人类对于沟通、互联的愿望。只是在全球多式联运发展之初，在很多规则、制度、交易习惯都没有建立起来的当下，想通过一部公约的创新就实现全球的货运规则统一，确实有些不切实际。国际多式联运规则的统一，需要各国坚实的国际多式联运建设基础的支撑，需要长期有关多式联运交易习惯的日渐累积，更需要时间对于各种规则的反复考验。在此基础上，刚刚建立起的国际多式联运公约，才能够不断地健全、完善适于实际运输需要、综合考虑各方利益，更大程度上适应国际市场的需求，从而获得更大生效的可能性。

或许《鹿特丹规则》急于统一"海运＋其他"模式下的当事人运输责任制度体系，所以对于公约保留方面态度比较强硬，不允许缔约国对于任何条款作出保留。一旦缔约国加入，就要必须全盘接受公约中的一切规则。全然接受一项国际公约，各国需要对国内立法也进行相应的调整，而修改国内立法，对于任何一个国家来说，都不是一件轻而易举的事情。要想实现《鹿特丹公约》在中国境内具有完全统一的法律适用环境，这就要求在全国水运范围内推行该规范原则，包括内河航运、公路、铁路、航空运输中的规则、制度，都要以公约中的责任模式为蓝本进行修订，这无疑是一个浩瀚工程。在目前公约的生效前景尚不明朗的情况下，就贸然全盘接受公约中的运输规则，并不是一个理性的选择。尤其是公约中的一些规则创新，对于我国而言还比较陌生，我国国内法中也未涉及，还有些规则由于刚刚确立，对于具体操作来说还不够细致、准确，所以难以确定如果全然接受，对于实务中的运作是会产生正面影响还是负面影响。就该规范国际条例中对相关运输任务的电子记录一项规定我们可以看出，尽管其具有普遍约束力，但是当事人双方仍然可以依据意思自治进行变更。当电子运输记录与传统的纸质运输单证并存时，会出现一些问题，以目前的《鹿特丹规则》来看，还没有给出具体的解决方案。在相关运输信息的记录问题上，由于电子记录与传统记录存在着本质区别，如何应对两者之间的冲突就是一个急需解决的重要问题。一般来说，电子运输单证与传统的运输单证应当是属于一个权利主体的，但是如果二者在流通的过程中由于流转效率不同或者由于流转方式的差异而导致最终到了不同的权利人手中，我们该如何确定标的物的所有人和货物毁损、灭失的责任分配问题呢？这些都是需要解决的实务性问题。出于上述考虑，目前，我国不论是学术界还是实务界，主流观点是确实难以在短时间内接受《鹿特丹规则》。

依照现在的情形来看，学术界与实务界对于《鹿特丹规则》的认识尚未形成统一的声音，这说明对于《鹿特丹规则》的研究与探讨还不足够深入与全面。那么，与其争论加入公约与否，不如冷静面对国内对于修改《海商法》的需求，在修缮国内法的过程中，不断研究公约中的创新与不同规则。不论如何，公约对于完善海运规则，探索"海运+其他"运输模式下的当事人责任制度的出发点是好的，这有利于人们积极面对国际运输中的变化、需要，积极制定与实务相符的航运规则。与《鹿特丹规则》中制度考虑的全面性相比，我国《海商法》毕竟有需要提升、改进之处，如果我国能够在《海商法》的修缮工作中，更多地适应国际货运的需求，那么，对于未来在探讨能否加入《鹿特丹规则》，或者其他有关国际多式联运公约来说，也会更加具有积极的意义。即使在未来，需要加入某一国际公约，也不能照搬公约中的条款，而应当在学习研究的基础上，了解公约精神，吸取公约的制定需求，将其中具体规则与标准国内法化。

关于《鹿特丹规则》的生效前景，从目前的签署情况来看，诸如美国、法国、挪威、荷兰等签署国在公约得到国内立法机构的批准之前，尚且不具备法律效力。从海上航运公司的综合实力来看，丹麦、瑞士和法国是排名比较靠前的国家，它们也都是《鹿特丹规则》的承认者。由此可见，《鹿特丹规则》未来对航运市场、船运公司所能够起到的规制作用将不容小觑。在《鹿特丹规则》的适用问题上，德国政府表示，目前不会签署公约，而且认为《海牙规则》《维斯比规则》《汉堡规则》的缔约国短时间内也不会批准公约的适用。由于目前德国业界对于加入与否存在很大争议，并且德国正在有意对国内海商法进行改革、修订，这两个主要因素导致德国政府难以评估加入《鹿特丹规则》将会给国内多式联运所带来的影响，因此并不会过早地签署《鹿特丹规则》。并且德国政府认为公约中的条款过于复杂，不易于审核、调查、研究，还有很多地方的规定不够明确，不过，德国政府会积极参与公约的修缮与讨论工作，积极提出本国建议。

在公约的签署国中，真正能够通过国内立法程序批准公约对其国内产生实际效力的国家并不多。在欧洲，虽然法国、西班牙、挪威、希腊等多国是公约的签署国，但是整个欧盟却处于观望态度。美国作为海上贸易大国，积极参与了该协议规则的制定，为其提出了建设性的意见和建议，而且针对《鹿特丹规则》草案，美国在公约的起草大会上曾公开表示过支持，认为统一的公约规则可以减少国际贸易中的不必要开支，甚至认为公约具有很强的灵活性与可操作性。但是，美国并没有全面接受公约中的所有规定，对于不利于美国贸易发展的规则持保留态度，虽然最终签署了公约，却没有通过国内的批准程序使公约对其产生实际效力。国际上具有普遍约束力的国际条约被美国当局划分为可以直接适用的和不可以直接适用的两种类型，其中，不能够直接发生约束力的国际条约的国内效力必须要经过相关立法机关的立法确定才能生效。澳大利亚对于公约也持观望态度，在公约起草会议上，澳大利亚政府积极地肯定了联合国国际贸易法委员会对于推动全球货运规则统一的付出与努力，表示会积极关注公约的动向，澳大利亚政府认为，《鹿特丹规则》可能更加偏重于承运人一方的利益。日本的态度就相对保守很多，对于该项国际公约并没有明确的态度，在制定阶段也没有提出建设性的意见和建议。中西部非洲国家对于《鹿特丹规则》的态度比较统一，他们以发表共同声明的方式，表示需要对公约进行进一步的研究与探讨，以免产生不利于其经济、贸易发展的情况。我国积极参与了公约的制定，目前对于是否加入公约探讨比较活跃的是学术界，基本可以分为积极加入与谨慎加入两种态度。我国政府官方并没有对于《鹿特丹规则》作出正面回应，只是交通运输部原副部长何建中在2014年10月31日召开的全国海运发展推进会上指出，为了进一步贯彻执行海运强国战略决策，必须从制度入手，加强国际合作，积极建设与国际航运条例相衔接的制度体系，积极关注以《鹿特丹规则》为代表的最新国际海运规则的生效实施状况及其所产生的影响。

联合国国际贸易法委员会承认并接受《鹿特丹规则》，并认为该公约致力于提供统一的货运规则，这对于应对现在货运责任制度规则百出的国际货运市场极具帮助性。委员会认为，采取统一责任制，将非常有利于有关海运区段货物国际规则的协调统一与优化更新，同时，也有利于提升国际货运的效率、商业运作上的可预测性，从而降低各国之间在货物流通过程中，由于彼此之间法律规范的不同所产生的贸易摩擦。为了规范海上贸易的一般行为，相关海上交易规则突出了统一责任原则，这在一定程度上有利于海上运输合同的制定和执行，从而保证国际货运的健康发展，为各国之间的远途贸易提供更加方便、准确的市场规范，最终对全球经济的繁荣发展起到促进性作用。这从一个侧面反映了联合国对该规范的积极态度，并鼓励各成员国加入《鹿特丹规则》。①

国际商会（ICC）承认发展统一规则的国际集装箱运输的重要性，这需要权衡各方利益，并且考虑到现在多式联运和互联网贸易的时代背景。国际商会呼吁各国政府在充分咨询发货人、承运人、代理人、保险人的情况下，汇总各方不同意见，认真考虑能否正式批准加入《鹿特丹规则》。各国在考虑本国在公约中所处的位置时，应当充分认识到，国际贸易对各国政府的需求是：重视海运过程中统一责任的制定，以及"门到门"运输中所应当防范的地方主义；明确各方当事人的举证责任以及承运人与中介的抗辩事由；确定货运责任，以减少国际贸易过程中由于过度立法所产生的贸易壁垒；另外，运输合同的双方可以通过格式条款来规范双方的权利义务，避免过度的国际责任。还可以平衡当事人双方的利益，突出政治力量的重要作用。国际商会时刻准备着为国际、国内有关加入《鹿特丹规则》的探讨提供前摄性的、促进性的帮助。②

国际商会（ICC）对《鹿特丹规则》持肯定态度，美国国家行业运输联盟与世界航运协会发表了一封名为 *NITL and WSC Welcome ICC Statement on Rotterdam Rules* 的共同声明，表示对国际商会对于推动公约生效的支持。如果《鹿特丹规则》得以适用，那么它将取代原有的海运公约中的责任制度，美国国家行业运输联盟与世界航运协会认为，如果《鹿特丹规则》真的在全球范围内获得广泛适用，将对全球货运责任的一体化起到进一步的推动作用，并且能够使运输单证得以进一步规范与统一。对《鹿特丹规则》持积极态度的国际组织认为，适用该方案能够在一定程度上避免各个地区对经济原则的过度规范。并且指出，如果欧盟、北美能够积极促进公约的生效，将对《鹿特丹规则》的推广具有重大意义。从实际意义来讲，欧盟积极加入该公约，美国国内各界也都对美国承认该国际公约持乐观态度。欧盟议会在 2010 年 5 月的决议中，对推进《鹿特丹规则》在各个成员国的签署、批准、接受、核准及加入进程，提出了明确建议，希望通过欧盟各成员国的努力，为构建国际多式联运责任体系作出自己的贡献。

国际海事局（IMB）对于《鹿特丹规则》的态度是，现有的海运规则难以满足全球范围内多式联运的发展需求。单纯依靠国内法与各个不同运输区

---

① Wide Support by States at Signing Ceremony in Rotterdam［EB/OL］.［2017 - 10 - 05］. http://www. uncitral. org/pdf/english/news/ICS_ECSA_BIMCO_WSC_press_release. pdf.

② ICC Comments on the UN Convention on Contracts for the International Carriage of Goods Wholly by Sea（the Rooterdam Rules）［EB/OL］.［2017 - 05 - 03］. https：//iccwbo. org/? s = rotterdam.

段的多种公约来约束国际运输，会引起不同法律制度之间的冲突，使全球范围内的货运规则不具备统一性、确定性，在不断变换、选择法律适用的过程中，也会极大地加重运输纠纷的解决成本，这样的状况不论是对于国际货运而言，还是对全球经济往来而言都不具有正面影响。参与国际贸易的国家，具体来说，参与国际多式联运的国家，都应当积极推进统一的国际货运规则的出台，《鹿特丹规则》至少代表了当代国际上对于统一当事人责任制度的需求，尽管有诸多尚待提升的空间，但总的发展方向是促进全球贸易的健康、高效发展，出于此种立场，国际海事局鼓励、支持世界各国参与到《鹿特丹规则》中来。

虽然上述国际组织都持积极态度，支持各国政府促进公约的生效，但也有相当的国际组织建议不要加入。比如，代表货代方、托运人方利益的国际组织，如欧洲货代运输与清关协会、欧洲托运人理事会、亚洲托运人理事会，它们认为公约中的各项规定过于繁杂，这在相当程度上加大了托运人的风险，因此，建议各国不要加入《鹿特丹规则》。具体来说，欧洲托运人理事会认为，相比《海牙规则》中的当事人责任制度，《鹿特丹规则》对货主来说更为不利；其中有许多创新性规则与当今涉及运输的公约中规定不一致甚至彼此冲突；对于货方、承运方的责任制度规定有失公允；在批量合同的情况下，承运人的责任限额被大幅度减小；货方在举证责任上承担了更为不利的义务，因此进一步加大了货方的索赔难度，总体来说，货方的义务、责任更多；等等。欧洲托运人理事会关于《鹿特丹规则》的应对办法是，主张制定发展欧洲地域内的多式联运公约，并且可以与其他涉及陆运的公约同时发展、适用，由此保障"门到门"运输过程中，各个区段都能够有公约可供遵循。欧盟成员国不应该加入《鹿特丹规则》，并且应当明确表明这一立场，在海运区段，适用《海牙规则》《维斯比规则》《汉堡规则》。但是，这样的做法，显然与国际商会对于全球各国、各经济区，在面对有关多式联运公约制定、适用过程中所应当付出的努力，避免地域主义加重贸易壁垒的呼吁背道而驰。

针对反对加入公约的担忧，美国国家行业运输联盟分列出了加入公约能够为托运人带来的利益。比如，在如今的海运实务中，航行过程中的意外事件和疏忽大意过失行为不需要承担责任的规定成为相关承运者的避风港。针对此种情境，《鹿特丹规则》打破了这一局面，取消了免责的这一情境。公约将承运人的义务期限延长至整个海运时间，而不是以往开航之前的时间；公约的责任限额较高，与此同时，还取消了多种经营条件下实际承运人出于故意或者过失条件下的赔偿限额标准。另外，如果承运人迟延给付，货主可以向承运人主张运费2.5倍的损失赔偿，这一额度较之以往的公约规定得到了提升；在订立批量合同的情况下，运输合同双方可以就具体问题达成协议，增减工作中所规定的双方的权利义务。在司法管辖问题上，诉讼过程中由原告选择管辖法院，其所选择的地点应当与案件中所涉及的多式联运合同具有实际关联，如此可以对承运人通过提单条款任意行使选择管辖权的行为加以限制；另外，为了适应电子信息技术的发展需要，公约还就电子商务运输问题做了专门的规定。

代表着欧洲报关行、物流服务供应商、货运代理人多方利益的欧洲货代运输与清关协会表示，在日常工作中，他们高度重视联合国国际贸易法委员会的立法事项与工作主张。协会表示，通过研究发现，与之前的海运规则相比，《鹿特丹规则》并没有给货方提供明显的利益。而且，公约本身内容庞杂，非常不利于理解、探究，其中的规则也不够明确。如果适用这样的规则，将为国际多式联运市场带来更加复杂的风险性因素。而且协会的成员国表示，庞杂的条款会在翻译的过程中产生各个区域之间的解释差异，从而影响其在航运实务中的运用。协会认为，从另一个角度来说，尽管公约尚且存在诸多不足之处，但是对承运人一方而言仍能够为其提供一定的利益，比如说，赔偿责任限额的有关规定，不仅可以适用于货物发生损毁、灭失的情况，还可以适用于其他任何的违约行为。总的来说，协会建议欧盟成员国不予批准公约，主要原因在于公约内容过于庞杂，不仅原则性条款多，例外规定也多，这会使多式联运当事人在理解公约理念的过程变得更加艰难，从实际运作上说，如果公约真的生效，适用成本也会很高；目前来看，公约的规定大体上是更加有利于船方，这不符合权利义务平等的原则；对于码头经营商来说，这类群体不愿被规制在有关多式联运的公约的大框架下，而更加倾向于联合国国际贸易法委员会针对这一群体制定专门立法加以规制；整个公约最为饱受争议之处就是无单放货的内容，协会认为，如果承运人拥有无单放货的权利，那么将对国际信用证体系造成致命的冲击，在面临诉讼时举证难度也会大幅度提升。

在研究国际组织对《鹿特丹规则》态度的过程中，不难看出各个利益团体的价值导向。对于联合国国际贸易法委员会来说，其主要职责是减少各国之间在国际贸易方面法律规定之间的差异，消除贸易壁垒，促进经济流通，维护国际领域的商事秩序，以此为核心开展工作。国际商会主要代表商界，在维护自由与竞争意识的前提下，促进国际贸易与投资，协调、统一贸易管理，为进出口商制定贸易术语或者指南，如《托收统一规则》《跟单信用证统一惯例》等，为商业界提供更多的贸易支持或服务。《鹿特丹规则》能够体现当今世界对于统一国际货运规则的需求，得到了国际商会与联合国国际贸易法委员会的支持。对于代表船方利益的国际组织来说，公约中有关电子单据、无单放货的相关规定，能够为船方带来实惠，提高货运效率、提高船舶利用率，所以代表船方利益的国际组织大多对公约持积极的态度。对于亚欧与北美地区来说，由于每个国家在国际货运中所处的地位不同，其对公约的加入与否态度不一。美国在国际货运领域的主要角色是买方，其出口货物以电子类高科技产品为主，这些货物大体上来说，对海运的依附程度较小，而进口类产品主要是工业成品、半成品，这些货物需要依靠海运的运载力。对于亚欧地区的大多数国家来说，出口货物以工业产品、日常用品等传统意义上的货物为主，对海运的依附程度总体较高，因此，欧亚地区的主要国家或者代表卖方利益的各个协会，比较倾向于暂不加入《鹿特丹规则》。

第五章 多式联运经营人责任制度的立法考量

第一节 我国应采用的立法模式

一、各国的选择

当今世界货运量中最为突出的增长点，体现在国际多式联运的发展上，多式联运的发展受益于经济全球化的大背景以及集装箱运输的改革。为繁荣进出口贸易，各国尽力完善本国的多式联运系统，从而提升自己在国际竞争中的实力，而在这之中，最具代表性的就是美国的多式联运的发展。美国当今多式联运的蓬勃发展，得益于其高效的货运系统。1991 年美国国会通过《地表联合运输及效率法案》来指导交通运输施政，由于其英文名字为 *Intermodal Surface Transportation Efficiency Act of* 1991，缩写是 ISTEA，谐音"冰茶"，所以人们又将此法案称为"冰茶法案"。[①] 自此之后，建设统一、有效、无缝、经济、安全、环保的国家多式联运系统成为美国运输政策的出发点，不断通过各种制度设置来减少多式联运发展的阻碍因素，这成为当今美国多式联运事业能够快速发展的主要原因。

在"冰茶法案"颁布之前，美国主要是以运输业的管制问题为中心。在放松运输管制之前，美国有三个运输管理部门：州际商务委员会（ICC）、民航局（CAB）、联邦海事委员会（FMC），其中州际商务委员会的管理权限最为广泛。ICC 成立于 1887 年美国颁布《商业管制法案》[②] 之时，成立时的主要职责是预防和管理铁路运输公司的价格歧视行为。之后颁布的多部法律，比如《1935 年汽车承运人法案》（*The Motor Carrier Act of* 1935）、《1940 年运输法案》（*The Transportation Act of* 1940），将州际公路、水路运输纳入州际商务委员会的管辖事宜中。1996 年之前，州际商务委员会管理着近 2 万家铁路、

---

① 李峰. 指导美国未来交通运输事业的"冰茶法案"简介 [J]. 综合运输，1994(8).

② Light on the Law：A Reference Book on the Act to Regulate Commerce（1887）[M]. Kessing Publishing，2010.

汽车、管道、内河运输公司与代理商，在当时是美国运输管理机构中管理内容最多的单位。从所管理的运输区段的多样性来说，ICC 可以管理多种运输方式，而民航局只能管理航空区段的运输，联邦海事委员会只能管理海运区段的运输，显然后两者管理的运输区段都是单一的。考虑到 ICC 管理的运输区段之广泛，1940 年美国国会就国家运输政策发表声明，要求 ICC 根据日常管理的实施情况与法律的相关规定，对各个运输区段进行全面、公平的管制，从而发挥各个运输区段的最大优势，维护国家多式联运体系的健康发展。不难看出，不论是从国家政策的角度，还是从立法的角度，ICC 都成为影响美国多式联运行业发展最重要的机构。1950 年起，集装箱运输的发展日渐兴起，在此大环境下，ICC 就运输行业的未来发展，采取了一系列的改革措施。1954 年，ICC 开始着力支持"驮背运输"。所谓驮背运输（Piggyback），指的是一种铁路、公路相衔接的联合运输方式，货车、集装箱直接运上火车，到达货运目的地再开封卸货，这是一种在欧洲、北美都广泛适用的运输方式。20 世纪 80 年代中期，ICC 批准了若干铁路公司对货运公司，甚至是海路运输公司之间的收购，以此来推进全程运输或者说多式联运行业的发展。与此同时，ICC 拓宽了港口空箱的适用范围，允许内陆运输对空箱加以利用，这积极有效地解决了港口集装箱的空返问题，提高了集装箱在全程运输中的利用程度。在发展运输的过程中，ICC 非常务实地认识到了集装箱在运输中的重要性，并将其在实务中加以推广，这在很大程度上促进了多式联运行业的发展。

对企业来说，不同区段的运输企业为增加合作、扩展利润，纷纷采取了不同的运作方式来完成多式联运。有的以合约形式，有的以并购形式，通过收购不同性质的运输公司来扩展自己的运输种类、运输业务，从而完成自身的产业更新与产业升级。根据 ICC 的规定，若一家铁路公司想要收购陆运公司，需要满足以下条件：第一，符合社会公共利益；第二，能够通过收购行为使陆运公司更好地为社会服务；第三，如果采取限制竞争的手段，必须有理有据。对于其他运输种类的收购行为，一般来说，最基础的要求也是不得因此而减少市场竞争、损害社会公共利益。20 世纪 80 年代起，美国一线规模的铁路公司，几乎都通过收购行为成了自己对陆运市场、水路市场的扩张，从而大大提高与稳固了自己的运输实力，这一时期的美国迎来了运输行业的春天。这期间出台的《1980 年斯塔格斯铁路法》（the Staggers Rail Act of 1980）、《1980 年汽车承运人法》（the Motor Carrier Act of 1980）、《1982 年公交管制改革法》（the Bus Regulatory Reform Act of 1982）、《1986 年地面货运代理商放松管制法》（the Surface Freight Forwarder DeregulationAct of 1986）等法案①，很大程度上缩小了 ICC 的管理范围。在放松管制的大背景下，运输行业的发展活力被激发了出来，尤其是铁路区段在多式联运中所占的运输比重得到了明显提升，由此而获得的产业收益也占据铁路货运收益的 1/5 以上，这不仅激发了铁路运输的新活力，也为整个社会的经济面貌增添亮丽，货方与消费者在这次巨大的运输变革中收获了丰厚的经济收益，代理商们也在放松代理管制的政策下，大大推动了多式联运事业的发展。除了在立法、政策层面对货运管制的放松之外，在机构管理的设置上，美国将多种不同的运输方式统一放在一个部门的管辖下，这为日后新的运输政策的制定以及对运输行业的规范管理，奠定了管理层面的基础，对推动未来的多式联运发展深具意义。

　　20 世纪 90 年代初，美国全国范围内的公路运输网络基本形成。社会舆论普遍存在对由于陆运发展而带来的一系列负面问题的不满。例如，大片土地的占用问题、交通拥挤、环境破坏、过度的能源消耗问题。国家逐渐认识到，只是单一地依靠一种运输模式是不能维持未来的运输发展需求与经济、能源需求的，必须更加注重多式联运体系的建设问题，发展多式联运不仅可以满足国内的生产需求，也可以提升美国在全球领域的运输实力与经济实力。1991 年，美国国会基于当时的社会需求，颁布"冰茶法案"，自此开始从国家层面全面考虑大力发展多式联运行业，以及伴随着运输发展所带来的经济、环境、能源、社会公共利益等方面的问题。希望通过"冰茶法案"，阐述清楚多式联运行业的发展对于当下美国国家利益的重要程度，树立美国在运输行业的国家政策。该法案的颁布，意味着美国的运输行业从传统的单一运输模式开始向多种运输方式协同发展的新阶段迈进。这大幅度增加了基层地方政府在运输行业中资金部署的灵活性，在多式联运领域的融资问题上，美国运输部出面提供更加充实的财政支持与贷款支持。

　　1992—1997 年，美国在财政支出方面为运输业提供了 1560 亿美元的支持。拨款过程中也会遇到部门之间的利益冲突问题，举例而言，各个运输领域的发展基金来源不一，对铁路区段运输来说，发展基金主要来源于各个企业的投资，对公路运输来说，发展基金主要来源于公路信托基金，公路信托基金的主要源头是公路使用费。这样一来，不同运输部门之间就不愿让自己的发展基金与其他运输部门共同使用，政府努力通过制度层面的建设，来缓解不同运输部门之间在合作过程中存在的冲突问题。"冰茶法案"赋予大都市规划组织（Metropolitan Planning Organizations，MPO）以联邦基金对运输行业进行规划的权利，从此大都市规划组织开始成为一个不仅可以提供业务咨询，

---

① 林坦．美国物流大通道的发展现状及主要推进政策［J］．港口经济，2015（4）．

还能进行资金配置的更为强有力的组织机构。"冰茶法案"要求该组织负责任地对综合运输系统进行设计规划，做到所规划的大都市区的运输系统能够达到多式联运的运输实力，同时能够融入各个州与整个国家的多式联运的全局规划中。① 在规划的周期设计上，既要有长期规划又要有短期规划，长期规划可以以 20 年为一个周期，短期规划要做到 2 年更新一次，州级运输建设规划也要有长期的规划设想，关于研究设计的资金可以从联邦公路基金中抽取。"冰茶法案"还涉及运输规划过程中的研究领域，法案规定运输部要设立专门的研究机构来做政策的学术支撑，政府负责协调多式联运研究方面的工作人选，应当是运输部的多式联运办公室主任，这样的人事安排不仅有利于政府的多式联运工作开展，也有利于学术领域与政府工作开展的协同进行。运输部下的运输统计局，负责对多式联运的行业数据进行汇总，建立专门的数据库，数据要能够体现不同区段运输与全程运输的运量、社会对不同运输模式的使用倾向、不同运输方式所吸纳的投资额、运输的利润与成本等，通过这些具体的数据可以进行更多更深入的技术性分析。"冰茶法案"要求美国国会在若干大学中建立与运输行业相关的学术研究所。伴随着美国对于多式联运研究的日益重视，大学里开始相继出现有关多式联运领域的学术研究中心。②

1991 年美国"冰茶法案"的出台，为建设全国性的多式联运体系打下了良好基础。学术界普遍认为仍有两个需尽快解决的问题：第一，政府的机构职能；第二，运输责任、劳动领域的相关立法有待完善。现在，美国的运输业由运输部统一管理。《地表联合运输及效率法案》在完善不同机构职能和加大多式联运相关部门之间的合作与人员建设上起到了推动作用。但是，运输部以下的管理机构仍然是根据不同的运输区段进行划分的，而且建设发展基金的来源也各不相同。简单地说，各个机构都有自己的特权领域，这样的状况很不利于不同运输形式之间的协同合作。针对这一问题，有学者认为可以以货运、客运为划分原则，来对政府机构的运输部门进行重新划分。对于责任划分与劳动方面的立法问题，由于不同的运输方式对承运人的责任规定不尽相同，这种不同体现在责任期间、责任基础、赔偿限额、证据规则等各个方面，运输实践中，不同的承运人自然会援用对自己最为有利的法律来使自己的权益最大化。如果涉及国际运输，那么在法律的适用问题上就会更加复杂，不同国家、区域的法律对多式联运当事人的规定也会存在不同。对美国国会而言，适用统一的归责办法成为政府所要解决的首要问题。

从美国的多式联运建设总体状况来看，建设综合运输网络是设置国家运

---

① MPO Mission Statement [EB/OL]. https：//www. mympo. org/mpo – mission – statement.

② Intermodal Surface Transportation Effiency Act of 1991 [EB/OL]. https：//www. congress. gov/bill/102nd – congress/house – bill/2950/text/enr.

输政策的首要出发点。在此基础上作出的运输政策,才能够具有长远的发展力。从整个运输行业的发展历程来看,单一的运输方式往往不能满足人们对运输或者说对货运量的需求,公路、铁路、海路、航空运输之间需要进行衔接与合作,才能适应当今高速的经济发展需求。从长远发展的视角来看,综合运输网络的形成、多式联运的发展,都有助于人们向着更加经济、环保、节能、有效的可持续性运输模式迈进。对我国而言,不论是单一的运输模式还是多式联运都需要建设与发展。从美国的发展经验中可以得知,不能等到单一的运输模式都已形成,再去做全面的综合运输网络构建,而应当在发展运输行业的同时,就进行全国范围的运输网络设计。政府应当联合学术界、法律界,以建设国家综合性运输体系为目标,来着手各个区段乃至全局的运输网建设。美国的"冰茶法案"非常重视运输整体规划时对于运输设备的充分利用、不同运输工具之间的衔接、发展交通运输业的过程中社会运输的需要和资源的可持续利用。在发展大都市区域的同时,也要求州级或更加基层的地方行政机构之间相互支持,协调全局发展,避免由于先前考虑、筹划不周而带来的重复建设。全方位考虑多式联运建设,可以有效地节约社会资源、提高效率。在运输管理体制的建设上,综合有效的运输管理体制有助于多式联运行业的健康发展。在传统单一的运输时代,管理层的建设也相对单一、独立,在当今综合性运输的时代,运输管理体制也应当得以丰富和完善。美国于 1996 年通过《ICC 终结法》撤销了州际商务委员会,将其对运输行业的管理职能转移给了新成立的地面运输局(Surface Transportation Board, STB)与运输部。其中地面运输局负责对铁路运输、管道运输进行监管,运输部下的联邦公路局负责对公路运输、水运以及货代方、经纪人进行监管,希望以此更好地管理综合运输的协同发展,在之后的种种制度创新中,运输部成为协调各个运输机构分工合作的中坚力量。美国"冰茶法案"的颁布可以让我们看到,多式联运相关立法的完善对于推动运输业的协调发展至关重要。自"冰茶法案"颁布实施起,美国政府在制定运输行业相关的政策时,有了总体方向与立足点,在发展运输业以及制定相关法律法规时,能够全面考虑到资金、研究、各机构之间的合作问题,这为多式联运的发展提供了有力保障。要想实现不同运输区段之间的无缝对接,需要明确各个责任主体的归责原则,保证各方的基本利益,为各区段运输的合作奠定制度基础,减少因制度缺失而产生的摩擦与冲突,理顺不同运输法之间当事人权利义务分工。[①]

1994 年 1 月 1 日,《北美自由贸易协定》(*North American Free Trade Agree-*

---

① 王杨堃. 美国多式联运相关法律制度变迁及其启示 [EB/OL]. http: //www. docin. com/p - 1352566381. html.

ment，NAFTA）正式生效，成员国为美国、加拿大、墨西哥。从性质上来说，这是一个三国间全面贸易协议，但并不凌驾于三国政府与国内法之上。为了更好地发挥铁路运输在北美地区的跨境运输优势，美国政府对货运列车进行运输之前的检验、封装，并通过信息技术等科技手段对跨境货物进行全程跟踪，这不仅简化了烦琐的海关手续，也在很大程度上缩短了货运时间，提高了货运的准确性与安全性，保证了北美自贸区的"门到门"运输服务。①1998 年，美国政府出台《21 世纪运输公平法案》（*Transportation Equity Act for the 21st Century*，TEA21），这一法案从机构设置、规章制度、基础设施的建设等方面对美国的多式联运建设做了更加细致的规定。②

　　美国在多式联运责任制度问题上，采用统一责任制。当海运与陆运并存时，这种统一责任制的适用分为两种情况：第一，陆运责任制度扩展到海运区段；第二，海运责任制度延伸至陆运区段。若多式联运经营人是海运区段的承运人，那么提单中往往会有一个首要条款，用于明确不论在何种运输区段下都要适用海运区段的责任制度。这种首要条款常常与喜马拉雅条款并用，来准许陆上运输区段的实际承运人也能够享受海运区段的责任制度。比如，内陆区段的实际承运人可以通过喜马拉雅条款，援引海上赔偿责任限制的相关条款来保护自己的权益，这样一来，陆运承运人可以享有比陆运规则更加宽松的责任制度。美国在内陆运输上，包括公路运输与铁路运输在内，通过《卡马克修正案》（*Carmack Amendment*）建立了一种半强制性的责任制度，不经由特别程序，当事人之间的归责原则是不能够基于合同的自由意志而进行变更的，此规则对于多式联运经营人、区段的实际承运人都具有规制作用。美国海运区段承运人的责任制度主要受《海上货物运输法》（*the Carriage of Goods By Sea Act*，COGSA）的约束，该法案的最初版本是 COGSA1936，1999 年 9 月 24 日美国参议院通过了《海上货物运输法（草案）》。根据 COG-SA1999 第十五条的规定，废除 COGSA1936。COGSA1999 草案中所指的运输合同，是经海运或者部分经海运，以一种方式或者多种方式进行运输的货运合同，合同的范畴也包括提单在内，具体来说，包括提单、类似提单的单据凭证；可转让提单，不可转让提单；纸质提单、电子提单。但是，专门用作内河、内湖、大西洋沿岸运输的纯国内贸易合同不在草案的规制范围内。该草案适用于某些公路、铁路承运人，但是并不适用于向未订立承运合同的实际州际承运人、外国公路、铁路区段承运人提出的仅仅针对公路或铁路承运人的相关索赔问题。该草案中所指的货运期间是，从承运人收货到承运人交

---

　　① 资料来源：https：//ustr. gov/issue - areas/industry - manufacturing/industrial - tariffs/free - trade - agreements#North American Free Trade Agreement（NAFTA）.

　　② 资料来源：https：//www. fhwa. dot. gov/tea21/index. htm.

货给收货人的整个期间。COGSA 中的责任基础，主要参考《海牙规则》。目前为止，统一责任制是美国对于多式联运责任制度规范的主流选择。[①]

美国法对于由多个原因导致货损情形下的承运人的赔偿责任比较严格。一般来说，由一种原因而导致的货物毁损的赔偿责任比较容易确定，但是，由于多种原因而产生的货物毁损问题应当如何解决，相比之下就略为不易。此处对比三类处理方案：《汉堡规则》所确定的相关标准、美国《海上货物运输法（草案）》（COGSA1999）中确定的平均分摊损失要求、《鹿特丹规则》中确定的严格区分责任要求。在《汉堡规则》中，假如承运人对于无法免责的其余因素所造成的货损额担负举证职责，在不能举证或者不成功的时候，要担负本身不需要自身担负的其余因素所造成的货损赔偿。这一规则的原型在于 1934 年美国 Schnell v. Vallescura 案[②]，如果承运人不能将由两个或者两个以上的原因所造成的货物毁损分开，即便对于一个或者少数因素，承运人可免责，然而因为其无法举证表明其余货损的详细资金，就需要对所有货损担负赔偿责任。在《海上货物运输法（草案）》中，如果货物毁损是缘于两个共同原因，一方面承运人存在违约或者过失，另一方面是承运人的免责事由，其只需要对前一因素所造成的损失担负责任；然而，假如不能明确上述原因导致的损失情况，此外，还要对不能明确货损因素的少数损失承担责任，则承运人所要担负的赔偿责任就应该是货损资金的百分之五十。即在无法分割应承担责任事由与免责事由所导致的货损范围时，承运人与索赔方的损失担负应当是对半分配。上文提到的严格区分责任表示，在货物出现亏损、灭失、延缓交付时，承运人应该担负应尽的责任，甚至进行赔偿，然而对于免责事由所造成的亏损，就不需要担负任何责任。

当多个原因导致货损发生，而且货损原因彼此之间无法识别时，由承运人承担全部责任。所以，从公平的意义上看，这样的规则对于承运人来说有点偏重。美国学界有观点认为，这一规则在处理实际纠纷时，将使举证工作面临很大困难，尽管美国最高法院也确认了本规则的效力，然而，在现实执行中，承运人基本上无法达成上述规则下的举证要求，通常来说，只要法院觉得货损是众多原因造成的，那么承运人就需要担负所有赔偿责任。针对瓦里斯库拉原则在公平问题上所遭受的质疑，不少国家开始探索解决这一问题的方法。法国要求采用近因原则，假如货物毁损并非因为承运人，那么在上

---

① 张海军. 国际多式联运责任制比较研究——全球化与本土化的博弈 [EB/OL]. [2017 - 06 - 01]. http：//xueshu. baidu. com/s? wd = paperuri% 3A% 283f75f2876e380ba3528fdf0226072f82% 29 & filter = sc_long_sign & tn = SE_xueshusource_2kduw22v & sc_vurl = http% 3A% 2F% 2Fwww. docin. com% 2Fp - 795004502. html & ie = utf - 8 & sc_us = 8678949472553358156.

② Schnell v. Vallescura, 293 U. S. 296, 1934 AMC 1573 (1934).

述状况下，承运人要担负所有的损害赔偿责任。美国则通过 1999 年的《海上货物运输法（草案)》制定了平均分摊损失原则，希望通过这种新的归责方式来寻求承运人与货方之间的利益平衡，然而事实上，平均分摊损失原则也同样存在着有失公平的问题。可以假设承运人在准备所有证明责任以后，所需要担负的赔偿责任高于货物亏损的一半，那么承运人也许就会利用不准备证据证明的模式躲避责任，在以上情形下，假如货主无法表明是由多个货损原因所造成的损失，则上述两者的责任就转变成对半承担，这显然也没有实现对于责任公平分配的期望。在《鹿特丹规则》制定的过程中，曾经尝试过对于之前两种规则都进行吸收、借鉴，但是还是没有采取这种做法，而是制定了新的规则，即严格区分责任制。

美国关于多式联运立法的整体特点，是政策性规定与多式联运责任制度综合在一部法律中体现。既具有公法的性质，也具有私法的性质。对于多式联运发展尚有空间的我国来说，这也是一种可供参考的立法模式。在修订多式联运相关立法的过程中，明确立法的价值取向至关重要。厦门大学法学院何丽新教授，在"两岸四地海商法及多式联运专题研讨会"上指出，多式联运的立法趋向，根本上取决于国家希望如何发展多式联运事业。对于多式联运经营人而言，是采用统一责任还是网状责任；在权利责任的规定上，是更加维护货方利益，还是更加维护承运人的利益，这些都需要从国家战略上进行考量。

在英国，多式联运的运作可以基于多种协议方式。第一种协议方式是货运代理人作为托运人的代理方，与不同的运输区段中的承运人，比如公路、铁路、海上、航空区段的承运人，签订具体的运输合同，这些运输合同之间的关系是各自独立的，而且，各个分立的运输合同所遵循的是单一运输模式下的有关公约与合同义务。以这种形式签订的合同，货运代理人一般不需要对于货物在运输过程中所遭受的毁损或者是灭失来承担风险与责任。通常的做法是，在每一个分立的运输合同中，明确约定在从前一种运输方式向后一种运输方式的运输过程中，若货物受到毁损或者灭失应当由货主承担责任。第二种协议方式是由一个确定的承运人或者是货运代理人，来担任某一个运输区段的被代理人，同时，在商议制订其他运输区段的运输合同时，由整个确定的承运人或者是货运代理人来担任托运人一方的货运代理人。这样一来，海运承运人就需要承担集装箱从起运到装货港，从装货港运至卸货港，再继续完成货物从卸货港到最终目的地整个运输过程的责任。合同中，可以约定在转运过程中货物的毁损、灭失风险由货方来承担。第三种协议方式是由多式联运经营人与托运人订立多式联运合同，这是一种"门到门"的运输服务，在全程运输合同项下，多式联运经营人可以与负责单一运输的各个区段的承运人订立分合同，分合同也具有运输合同的性质。多式联运经营人对于货物在流转过程中所受到的毁损或者是灭失，对货主承担损害赔偿责任。这种形式的运输合同的核心意义在于，货主与各个实际从事货物运输的分合同中的承运人之间，并没有实质意义上的合同关系。多式联运中的合同义务，是多式联运经营人依据其与托运人之间所签订的多式联运合同，来完成对货方的责任承担的。

在英国法下，没有可以适用的强制性的国际公约时，多式联运中的运输合同当事人，可以通过签订运输合同的形式，针对各方所需要承担的权利义务自由协议，约定由多式联运经营人对运输合同项下的全程运输承担统一责任。即便是在需要适用某一单一运输公约的情况下，当事人之间仍然可以约定，在该公约所规定的运输区段之外的运输过程中，多式联运经营人应当承担何种运输责任。总的来说，多式联运经营人需要承担的运输责任，需要考虑货物毁损所发生的具体区段。如果可以明确货物发生货损或者灭失所处的具体运输区段，那么，就可以该运输区段下的单一的公约或者是需要适用的国内强行法中的规定来规范当事人的权利义务。① 具体的适用方式，可以是将公约中的规定引用在运输合同的条款中，或者是以合同首要条款的形式规定本合同的法律适用问题。在没有国际公约或者国内强行法适用的情况下，当事人可以以适用格式条款的形式来规定当事人之间的权利义务关系。不同的运输单证中，往往有不同的法律适用方式与责任规制形式。

在无法确定货物具体毁损区段的情况下，可以选择适用某一种单一的运输模式来规范当事人的权利义务，也可以以订立运输合同的方式来规定，在运输合同的格式合同中，也可以找到规定多式联运当事人权利义务的方式。一般来说，为了使多式联运经营人的权益受到应当的保护，有些提单在制定时，会假设货物的毁损或者灭失是发生在海运过程中的，从而适用海运公约中对于承运人权利义务的规定，尤其是海运公约中的承运人的最高责任限额规定。在英国的运输实务中，多式联运经营人可以适用《1991 年单证规则》中的规定，有些多式联运经营人则通过在运输合同中自己制定运输责任的形式来规范多式联运过程中的当事人权利义务。在适用《1991 年单证规则》的情况下，多式联运经营人有一个归责的先决条件，就是推定其从接收货物开始到交付货物为止，对货物的毁损或者灭失承担责任。不仅如此，多式联运经营人对于其受雇方、代理方在受雇或者受委托的范围内所做的行为承担责任，对于为了履行多式联运运输合同而服务的人的行为也要承担责任，这些人包括订立运输分合同的人、负责货物转运的人，以及在码头负责货物装卸工作的人。如果多式联运经营人没有对上述人的行为做例外约定，那么就要对这些人的行为承担损害赔偿责任，并且举证责任由多式联运经营

---

① 曾令生. 多式联运区段运输货物灭失的权利保护 [J]. 人民司法，2010 (3).

人来承担。

在不同的运输区段下，多式联运经营人所需要承担的损害赔偿限额是有区别的。为了使赔偿责任限额有一个统一的适用规则，《1991 年单证规则》规定，在没有可供适用的国际公约时，以 30 法郎/公斤为货物毁损或者灭失的最低赔偿限额，在当今的赔偿责任计算中，这一责任限额会被换算成特别提款权或者美元来进行货损计算。仅仅在货物的毁损、灭失无法确定，或者没有可适用的相应国际公约时，多式联运当事人才可以通过运输合同，以约定的方式对赔偿责任限额划分责任。在多式联运实务中，多式联运经营人通常会把不同运输区段的运输任务分给不同的区段承运人。在这种存在分合同的情况下，货主与实际从事货物运输的区段承运人之间是不存在真正合同意义上的权利义务关系的。各个运输区段的实际承运人与多式联运经营人之间存在分合同意义上的权利义务关系，并且受该单一运输模式下的国际公约或者国内强行法中的规定约束。所以，货主可以侵权为诉由，直接对实际承运人提起诉讼，这样直接跨过与多式联运经营人之间的运输合同关系，规避对于多式联运经营人的赔偿责任限额条款的适用。

在英国的多式联运实务中，适用跟单信用证的情况居多。但是，银行通常认为，多式联运单证的担保效力不及单纯的海运提单。原因在于，在整个多式联运的流程中，多式联运单证并不被英国法认为是一种权利凭证。而且，一般来说，在多式联运的过程中，货物是从陆上某一地点开始起运，这使得多式联运单证更像是承运人已经收到货物的证明，却并不是通常意义上，在传统中，英国银行所希望收到的能够证明货物已经装船的运输单证。为了适应现代运输行业的变化，英国银行也不得不开始逐渐接受多式联运单证在金融领域的权利效力。自 1969 年，英国银行开始承认一些多式联运单证的融资效力，但是仍然要求，这些多式联运单证可以体现货物已经装载完毕的状态。自此开始，英国银行的单证作业流程开始发生变革。

多式联运涉及单一运输区段之间的货运转换问题，而现在生效的单一运输模式的国际公约中，有些并不适用于货物在运输转换过程中的责任归属。多式联运合同的当事人，可以通过合同意志来规定权利义务的划分，多式联运经营人甚至有可能在货物处于运输转换的期间，规避承担货物的损害赔偿责任，这对于保证货物安全是极为不利的。根据《维斯比规则》的规定，承运人有权利将其所承担的运输合同项下的权利义务转移给其他人，但是当运输受到海运提单的规范时，承运人仍然应当对其在海上运输区段的运输承担责任。依据《维斯比规则》关于承运人转移权利义务的上述规定，即使多式联运经营人将其权利义务转移给其他人，或者是部分转移给分合同的承运人，多式联运经营人并不当然免予承担货物毁损灭失的损害赔偿责任，只要其权利义务被明确规定在多式联运的单证中。

对货运量较小的托运人而言，租赁船舶进行运输并不是经济的做法。一般来说，货运量较小的托运人会联系班轮运输或者是不定期货船来完成货物运输。但不论是以哪种形式进行货运，自货物装上船舶之后承运人就要向托运人签发提单。大多数的班轮公司都拥有自己固定的提单格式，但是也有少数的小型班轮公司会适用国际上通行的或者是航运组织制定的提单格式。在租船合同中，合同当事人往往可以通过订立合同的形式，约定双方的权利义务关系。但是，在提单合同的订立过程中，由于当事人之间的地位不平等，在制订合同内容时，也会存在缔约限制。通常来说，国际公约中会对承运人规定其基本义务、责任豁免的情形、赔偿责任限额等。在英国 1971 年的《海上货物运输法》中，就把《维斯比规则》中的相关规定吸纳进了国内法。对于这些基础性条款，多式联运合同的当事人必须遵守，承运人无法通过与托运人订立合同的方式，设定免除其责任的条款。但是，对于除此基本条款之外的一些合同款项，多式联运合同的当事人是可以在合同中进行自由约定的。不得不承认，集装箱运输的发展增加了其在运输行业中的法律适用问题，多式联运过程中的权利义务关系也变得更加复杂。一般来说，签订全程运输单证的多式联运经营人需要对单证中所记载的全程范围内的货物毁损或者灭失承担损害赔偿责任，分合同中的实际承运人仅仅对在其运输范围内的货物承担责任。如果各个分合同中的运输形式不同，那么，全程运输单证就属于多式联运单证，除非多式联运合同中当事人约定 1971 年《海上货物运输法》仅仅适用于海上运输的部分。签发运输单证的当事人，需要对货物在运输单证所记载的起运地至目的地之间的整个期间的状况承担责任。

在英国，每个海上货运合同中都存在《维斯比规则》下规范适航义务的隐藏条款。[①] 这些条款一方面针对的是船舶抵御海上风险的能力，另一方面指的是船舶安全装运货物的能力。在普通法中，船东负有绝对的适航义务，并且对此承担无过错责任。但是这里所谓的适航义务，并不是说这条船舶从未受过损害，或者能够抵御一切外来风险，而是指该船舶可以满足货运需求，具有正常货运船舶所需要的配备。其中的具体要求也会依照船舶的航线、货物的品种等因素进行综合考量。在运输合同受《维斯比规则》规范的情况下，普通法意义上的严格责任下的适航义务，被规则中的勤勉义务取代。如果承运人不存在过错，就不需要对适航义务承担责任。从抵御海上风险的角度来

---

① Field J in Kopitoff v. Wilson（1876）1 QBD 377.

说，英国普通法中，要求船舶具有满足条件的船员、设备、船舱、单证。一旦存在船舶的设施有缺失、毁损，船员配备不足，单证准备不够全面充分等问题，那么承运人就没有达到适航的要求。虽然船方对于船舶的适航义务自使用时起就开始了，但如果船舶在驶向出发地的过程中，或者船舶在装运货物的过程中，存在缺陷或者其他不适航的问题，在货物起运时又对不适航的问题进行了有效的解决或者修缮，那么船方就不需要承担适航义务下的赔偿责任。但是这是在航次租赁合同中的规定，在船期租赁合同中，船方的适航义务适用于依照租期交付船舶时起。从安全装运货物的角度来说，主要指的是对于船方行为上的要求，比如需要对船舱进行清理或者将货物装载在具体的运输仓储内，是否对船舶的装置进行了排查等。英国曾经发生过这样一个案件，在货物装船之后，船员没有关紧船舶上的水闸，水闸中的水对货物造成了损害。该案件诉诸法院之后，法院认为船员存在过失发生在货物完成装运之后，也就是在开航之后，《海牙规则》中的适航义务仅仅是开航前和开航时，所以船方不需要对于货物的毁损承担适航义务下的损害赔偿责任。[①]

在英国普通法下，关于合理绕航的免责事由，严格限制了绕航事由。总的来说，被允许的只有三种情形：第一，为了挽救生命；第二，为了避免危险给船舶与货物带来的损失，但是这种危险必须具有连续性；第三，由于货方原因而导致的必要绕航，比如说，货方没有依照约定向船方提供足额的货物，为了避免运输资源的浪费，船方进行必要绕航以获得充足货物。虽然在《海牙规则》中对于绕航的规定比较宽泛，只要具有绕航的合理性即可。但是，因为英国法对于绕航的规定十分严格，所以英国法院一般不会适用《海牙规则》中关于合理绕航的规则方式，而是依照普通法中的严格性规定来规范绕航问题。

英国在 1992 年《海上货物运输法》中规定，国家可以通过制定条例的方式，使电子单证在运输中适用合法化。随着电子商务的发展，近年来，关于在运输领域适用电子单证的呼声也越来越高。但是，要想适用电子单证，仍然要权衡电子单证方式对于银行、货方、承运人、保险人等方面的影响。早在 2003 年，联合国贸易与发展会议就对电子单证的适用问题进行了市场调研。经过调研，市场的反馈信息显示，如果真的要在运输领域大范围地适用电子单证，那么电子单证必须要达到两个标准：第一，可以完全地复制传统运输单证中的内容；第二，必须获得法律的认可。只有达到这两个条件，市场才能够广泛地接受电子单证。《鹿特丹规则》关于电子运输记录的创新性规定在于，多式联运当事人之间应当对于电子运输记录的适用达成合意，以此

---

① McFadden v. Blue Star Line（1905）1 KB 697.

来避免未来对于适用电子运输记录的不必要纠纷。再者，对于电子运输记录的使用程序进行了规定，并且规定这一程序应当体现在多式联运的运输合同中。

在法律适用上，英国法院除了适用国内法之外，还适用国际公约与欧盟的法律。在审理涉外运输合同案件时，就不可避免地需要适用准据法。英国通过1990年的《合同（准据法）法案》，将《罗马合同义务法律适用公约》转化为了自己的国内法。《罗马合同义务法律适用公约》自1991年开始生效，公约适用于涉外合同关系的法律适用问题，当然，也作出了一些不予适用的例外规定。一般来说，英国法院会认可当事人之间对于法律适用的选择，如果当事人明确地表示了法律适用的倾向，而且这种选择真实、合法，又不违背国家的公共政策，就应当认可这种选择的效力。所以说，英国普通法对于当事人选择法律适用的规定，就是只要这种选择是真实、自愿、合法的，没有违背国家的强行法或者公共政策，就可以依照当事人的约定适用法律。[①]

由于英国法下当事人可以约定多式联运适用的责任制度，所以处理多式联运合同纠纷的核心意义就在于对"违约"与"货损"的界定。在英国法下，所谓"违约"指的是一方明示拒绝或者不再履行其合同下的义务。具体表现为，明确地拒绝履行合同、以行为来表明不再履行合同、合同履行期限届满而没有履行合同义务。如果承运人到期没有交付货物，货物权利人的损失是货物在交付当下交货地的货物市价。如果运输费用是先行支付的，货损额不需要再减去运输费用，如果运输费用是后行支付的，那么还需要减去运输费用和保险费用。除非承运人在订立货物运输合同时就已经对货损的赔付做了约定，否则，将不考虑货物的其他特殊价值。曾有这样一则案例，承运人负责运输一批设备，但是并不知道每个包装中的设备内容，运输过程中丢失了一个货箱，而且收货人用于建设工厂的主要设备都在该丢失的货箱内，货方要求承运人赔付其不能够按时建厂所遭受的损失。此案中法院的判决是，由于承运人并不知道丢失货箱中的具体设备，也不知道丢失的设备是货方未来建厂所需要的主要设备，无法认定丢失的设备属于货物的特殊价值，承运人并不需要对于货方的这部分损失承担特殊的赔偿责任。[②] 英国法中，货运过程中的"货损"具体指的是，与通常货物交付情形相比较，货物在交付当下交付地的价值减损。也就是说，货物毁损的赔付标准是货物在交付地的应有价值与实际价值之间的差额。在货物延迟交付的情形下，货物的权利人不仅会面临无法启用货物的损失，还要面临潜在的生产损失，以及货物由于延迟

---

① 孙艳春，张鸿雁. 浅谈涉外合同纠纷法律适用问题的发展与实践［J］. 黑河学刊，2004（4）.

② British Columbia Sawmill Co v. Nettleship（1868）LR 3 CP 499.

交付所可能发生的减损或者灭失。货物由于延迟交付而产生的腐坏损毁会得到赔偿，但是，对于货物毁损所可能引发的潜在性生产损失，以及货物的特殊价值，承运人并不需要承担损害赔偿责任。

在处理由于延迟交付引发的货损时，英国法院的做法是，货物的市值下跌能否在订立货物运输合同时被合理地预见。在 Ardennes 一案中，承运人负责运输一批橙子，但是由于绕航行为而导致了交付延迟。货方要求承运人赔偿由于橙子的市值下降而引发的损失，由于橙子属于不易保鲜的水果，承运人应当能够意识到货物应当越早交付越能够保证其价值，因此承运人应当赔付由于延迟交付，市值下降而导致的货物价值损失。法官接受了这一主张。① 在违约方需要对货物的特定价值的毁损承担赔偿责任的情况下，具体的赔付金额应当是多少呢？一般来说，违约方的赔付额是运输合同在正常履行的情况下，权利人所能够主张的权利。在承运人没有完成交付义务的情况下，收货人的损失就是货物在交付地交付当时的市场上的正常价款。如果先前收货人定有预售合同，那么预售合同中的货物价款不能够被认为是货损的价格赔付标准。

荷兰《新民法典》规定，对于货物联运合同来说，每一运输区段的运输都由该区段的法律加以规范。如果经营人对于货物的灭失、毁损、延迟交付或者任何其他形式的损失负有责任，并且损失发生的具体地点无法确认，那么经营人的赔偿责任应当适用损害可能发生地点的相关运输区段法律，并且享有该规定下的最高赔偿限额的保护。这说明，荷兰将多式联运协议看作对各种混合运输的总约定，在经营人的责任制度上，采取经修订的网状责任制。

德国《1998 年运输法律改革法》规定，对经营人的责任制度规范，采取类似经修订的网状责任制。如果货物的灭失、毁损、延迟交付发生在特定的运输区段，承运人的责任由该运输区段的法律来规制。对于不能确定损害发生地的事件责任，则适用对于索赔方来说最为有利的法律。② 2013 年 4 月 25 日，德国修订了本国海商法。由于旧的法律条文体系不够清晰、内容不足以适用于现代航运事业，2004 年，德国司法部决定继《1998 年运输法律改革法》之后，启动海商法的立法革新。本次改革，不仅重新搭建了德国海商法的立法结构，其内容也得以系统化、现代化。其中，《海上货物运输法》是革新的主要内容。新法将承运人的航运过失、火灾免责的条款规定予以删除；另外增加了运输活动物的免责事由。在承运人的责任限额规定上，原本的立法建议稿中，起初作出了提高赔偿责任限额的规定，指出新的赔偿责任限额

---

① The Ardennes, (1951) 1 KB 55.

② 王秋阳. 国际货物多式联运经营人责任若干法律问题研究 [D]. 大连：大连海事大学，2005.

应当与《鹿特丹规则》保持一致。然而，最终新法仍旧采用了《维斯比规则》中的标准。这说明，关于赔偿责任限额，德国对于新公约最终选择了保守的态度。而在舱面货的规定上，德国则吸纳了《鹿特丹规则》中的相关规定：在未经托运人同意的情形下，承运人不可以将货物装于舱面。如果货物适合舱面运输，则无须托运人同意。另外，允许符合行业习惯的运输方式。新法引入"实际承运人"的概念，规定承运人与实际承运人之间是连带责任的关系。根据新修订的《德国海商法》，负责货物搬运、仓储的码头经营人，并不是该法所指的实际承运人；而提供负责装卸的码头经营人，构成该法所称的实际承运人。新法没有引入《鹿特丹规则》中关于"海运履约方"的规定。因为德国立法组织认为，新法应当只规范海上运输部分，而对于陆上运输与多式联运的规定，均由一般运输法来规定。新法参考了《鹿特丹规则》中关于电子单证的规定，针对电子提单和电子海运单制定了法律规范框架。但与《鹿特丹规则》不同的是，新修订的《德国海商法》并没有要求运输合同的当事人应当对电子记录的签发、提示、出示、转让等全部事项进行约定，而是授权德国联邦司法部和德国联邦内政部，对于上述有关事宜作出规定。这种立法模式，为德国法律借助单行法规来规范电子单证的适用提供了更多空间。①

韩国关于多式联运的法律规范主要存在于《韩国商法典》中。作为一个发展外向型经济的国家，韩国的国际贸易额在 GDP 中占据重要份额，是全球第七大进出口国。与欧盟、美国都签有自贸协定，日本、中国、美国是韩国的三大贸易伙伴。由于朝韩非军事区的缘故，韩国铁路不能穿越朝鲜直接与中国、俄罗斯相连，韩国的国际贸易主要依靠空运与海运来完成。尤其海运成本较低，使其成为韩国对外贸易中最主要的货运方式。所以《韩国商法典》是以《蒙特利尔公约》的精神为基础而编订的，在海商海事内容的规范上，与日本法较为相近。在法典的六部分中，第 2 部分为陆上运输的内容，第 5 部分为海商法的内容，第 6 部分为航空运输的内容。关于多式联运经营人的责任制度，与世界上多数国家一样，韩国采用了网状责任制。根据《韩国商法典》第八百一十六条的规定，在货损区段可以确定的情形下，承运人的责任适用事故发生地的法律；如果货损区段不能确定，承运人的责任适用路程上最长区段的法律规定；当不能确定最长运输区段的法律规定时，适用收费最高运输区段的法律规定。由于本条规定并不适用于仅包含陆运、空运的多式联运，所以，韩国政府欲通过一部包含所有运输方式的法律，以弥补国内在多式联运方面的相关法律空白。随着多式联运立法呼声的日益高涨，韩国

---

① 王彦. 德国海商法的改革及评价 [R]. 海事商事法律报告，2016.

司法部提议，应当就多式联运起草新的法律规定，同时要求韩国海商法协会在认真研究的基础上作出相关报告。①

2009 年，韩国海商法协会提交了有关多式联运立法事宜的研究报告。2010 年，韩国成立专门委员会，负责起草多式联运法律。专门委员会面临的两个首要问题是多式联运的立法模式与经营人的责任制度问题，是单独立法，还是在《韩国商法典》中加以规定；是适用独立责任制，还是适用网状责任制。最终，专门委员会在《韩国商法典》中增加了多式联运的相关规定，在责任制度上选用了网状责任制。2011 年，此项立法草案提交韩国国会审议。就海运区段而言，《韩国商法典》中的规定，与《维斯比规则》《日本海上运输法》的相关规定是一致的。多式联运经营人与承运人同样享有航海过失、火灾免责的权利，也享有限制责任的权利，赔偿责任限额为 666.67SDR 或者 2SDR/公斤，二者以数额较高的为准。法典中规定了喜马拉雅条款，我国《海商法》中也有类似规定。所谓喜马拉雅条款（Himalaya Clause），又名"分立契约、赔偿、抗辩、免责事由及限制责任条款"（Subcontracting, Indemnity and Certain Defenses, Exemptions and Limitations Clause），源于 1953 年英国的阿德勒 v. 狄克逊案。案件中，游客阿德勒在乘坐 P&O 公司的喜马拉雅号游轮时，由于舷梯发生断裂而导致摔伤。阿德勒认为其持有的船票上载明了承运人的疏忽免责，所以转而向船长、水手提起侵权诉讼。作为当事人的船长、水手一方认为，他们是船舶公司的员工，应当享有船票上承运人免责的权利。法院经审理认为，船票上所规定的承运人免责条款是船舶公司与乘客之间的约定，只有合同当事人才能够援引，如此一来，作为船舶公司雇员的船长、水手就不应当享有船票中所记载的免责事由，最终本案以阿德勒胜诉而告终。现在的船舶公司为了避免此类事件的再度发生，通常会在合同中增加"承运人的免责与限制赔偿金额同样适用于雇员、代理人"的条款，也就是我们现在所称的喜马拉雅条款，这一条款的合法地位也得到了《维斯比规则》与《汉堡规则》的肯定。以《维斯比规则》为例，根据其第三条第二款的规定，若诉讼是针对承运人的雇佣人、代理人提起的，但承运人的雇佣人与代理人又不是独立签订合同的人，承运人的雇佣人、代理人有权适用《海牙规则》中承运人的各项抗辩或者责任限制的规定。② 总而言之，就其性质而言，喜马拉雅条款是在合同中赋予非合同方利益的条款。③

在航空区段方面，2007 年韩国批准了《蒙特利尔公约》。《韩国商法典》

---

① 郭萍，李淑娟. 韩、日多式联运法律现状与发展趋势 [J]. 中国远洋航务，2013（4）.

② 林爱民. 航运争议中违约责任与侵权责任的竞合问题 [J]. 世界海运，2000（4）.

③ 关于喜马拉雅条款（*Himalaya Clause of Contract*）[EB/OL]. http：//blog. sina. com. cn/s/blog_4dae264e0101b68f. html.

的第 6 部分就是在此公约的基础上规定的，空运过程中承运人的赔偿责任限额是 19SDR/公斤。就陆上运输区段而言，韩国在此区段的立法不算完整。第一，陆上运输区段包含了公路运输与铁路运输区段，在运输种类上没有再做区分。第二，法律没有对承运人的限制责任作出规定，也没有引用喜马拉雅条款中索赔方可以侵权为诉由提起诉讼的规定。第三，与海运区段、空运区段不同，陆运区段没有保障托运人权利的强制性条款。第四，在诉讼时效的规定上，对陆运区段的诉讼时效的规范有待统一，依照法律来看，诉讼时效是 1 年。但是从韩国最高法院的判决结果来看，如果承运人在陆运单证中约定的诉讼时效少于 1 年，那么此约定仍然有效。但韩国海商范围的立法规定，海运区段的诉讼时效为 1 年，且当事人不得约定少于 1 年的诉讼时效。

韩国在《多式联运法律草案》中对多式联运合同的适用范围做了限定。承运人只有在使用两种以上运输方式，并且各区段适用的法律不同的情形下，才适用本草案有关多式联运的规定。那么，依据《韩国商法典》的规定，铁路运输与公路运输适用的是统一法律，也就是说，在铁路、公路联运的情形下，就无法适用《多式联运法律草案》的相关规定了。在责任限额问题上，《韩国商法典》没有对各种运输方式的责任限制作出统一规定：海运区段，承运人的责任限额是 666.67SDR/单位或者 2SDR/公斤；空运区段，承运人的责任限额是 19SDR/公斤；而陆运区段，则没有作出此类规定。损害发生时，根据《韩国商法典》的规定，就会引发多个区段赔偿责任限额的额度适用问题，合同当事人自然会选择对其自身有利的赔偿方式，从而引发责任追究的各种矛盾。针对此种情况，《多式联运法律草案》规定：当隐蔽损害发生时，承运人的责任限额是 666.67SDR/单位或者 2SDR/公斤，这两者中以赔偿额度高的为准，而不必考虑运输区段的长短问题。但是，如果各区段运输距离中空运距离最长，承运人的限制责任是 8.33SDR/公斤。承运人不得以合同或单证的形式对这一责任限额作出减少的约定。在时效问题上，根据《多式联运法律草案》的规定，当隐蔽损害发生时，诉讼时效为 1 年，起算时间为货交或者应交收货人时起，但是在各个区段的运输里程中，若空运区段的运输距离最长，那么诉讼时效为 2 年，此期限可以通过当事人双方约定的形式加以延长。这样一来，韩国在多式联运中，对海运、陆运区段的诉讼时效规定达成了统一，同时也否定了韩国最高法院对于陆运区段当事人可以通过约定延长诉讼时效的做法。在货损通知期限的要求上，《多式联运法律草案》对海运区段 3 日、空运区段 14 日的期限规定进行了统一：自收货时起 6 日内，发出货损通知。这一期限要求普遍适用于货损发生地能够确认与不能确认的情形。韩国《多式联运法律草案》的出台考虑了本国的运输情况，当今世界英国、美国、中国、日本这样的航运大国都没有类似的法律制度。韩国学界希望国家能够尽快通过此草案，以促进多式联运事业的蓬勃发展。

在日本，《日本商法典》并没有就多式联运作出明确规定，也没有此方面的立法补充。实务中，通常是以进行商务洽谈的方式，根据多式联运标准合同，规定当事人的权利义务。所以，日本的多式联运标准合同弥补了多式联运领域的立法空白。当今世界的国际多式联运单证主要分为四种：第一，国际货运代理协会联合会的联运提单，多式联运经营人的货运代理人使用居多；第二，波罗的海国际航运公会制定的联运单据，经营船舶的多式联运经营人使用居多；第三，联合国贸易与发展会议制定的联运文件，其目的在于推进《1980 年多式联运公约》的实施；① 第四，多式联运经营人自行制定的多式联运单证。此类单证与海运提单的性质与作用是基本一致的，它是当事人在多式联运合同中所确定的当事人权利义务关系的准则，是多式联运经营人控制货物的证明，是物权凭证，可用于结算、流通、抵押。② 目前，我国多使用联合运输提单。③ 日本国际贸易代理协会、航运交易所分别制定了自己的多式联运标准合同。日本在多式联运经营人的责任制度上，选用的也是网状责任制：在货损发生地可以确定的情形下，强制适用损害发生地的法律；在货损发生的运输区段不能确定的情形下，推定货损发生在海运区段，或适用《日本国际海上货物运输法》，或依照《海牙规则》《维斯比规则》转化为其他国家的国内法确认责任。在日本，多式联运经营人的责任限额采用的是《维斯比规则》的有关规定。在是否加入《1980 年多式联运公约》的问题上，日本国内持反对态度，其主要原因在于：第一，依据日本现有通行的多式联运标准合同的归责方式，多式联运经营人可以享有过失免责、火灾免责的权利；第二，《1980 年多式联运公约》中所规定的多式联运经营人的责任限额高于日本标准合同中所规定的责任限额，日本的承运方、货方都不愿承担过高的风险责任。④ 我国并没有加入《海牙规则》《维斯比规则》《汉堡规则》中的任何一个，只是在制定《海商法》时，对三公约中的规则制度有所借鉴。

东盟国家⑤制定了《东盟多式联运框架协议》，以规范多式联运发展。根据协议规定，承运人指的是履行或者承诺履行全程或者部分运输的人，承运人也可以是多式联运经营人。多式联运经营人指的是由本人或者代理本人订

---

① 韩立新. 论我国货物综合运输法律体系的完善 [J]. 中国海商法研究, 2014 (12).

② 国际多式联运介绍 [EB/OL]. https：//www. douban. com/note/498391755/.

③ Multimodel Transport B/L, Combidoc, FBL, Multidoc, C. T. B/L 与 MTD [EB/OL]. http：//blog. 163. com/bhm_006/blog/static/338283522010620234334481/.

④ 郭萍、李淑娟. 韩、日多式联运法律现状与发展趋势 [EB/OL]. http：//www. sea – law. cn/html/6812404633. html.

⑤ 东南亚国家联盟 (Association of Southeast Asian Nations, ASEAN), 简称东盟, 成员国为马来西亚、印度尼西亚、泰国、菲律宾、新加坡、文莱、越南、老挝、柬埔寨、缅甸。

立多式联运合同的人，承担多式联运合同中的责任与义务，可以是委托人，却不能是货方或者承运人的代理人。托运人指的是与多式联运经营人订立多式联运合同的人。当事人可以通过约定的方式决定支付运费的形式。对于多式联运中发生的损害，经营人的最高赔偿限额是 666.67SDR/件或者 2SDR/毛重公斤，以数额高者为准。如果只是海上货运或者内河货运，在发生货物毁损或者灭失的情形下，多式联运经营人的最高赔偿责任限额是 8.33SDR/毛重公斤。如果货物的毁损、灭失发生在一个特定的运输区段，该区段所适用的国际公约或者强制性法律规定中已经确定了一个不同的赔偿责任限额，而且该运输区段存在一个独立的运输合同，那么多式联运经营人的赔偿责任限额适用该区段运输中所适用的国际公约或者国内法的强制性规定。[①] 如果多式联运过程中的货物毁损、灭失是延迟交付导致的，这种情形下的赔偿责任最高限额是多式联运合同下的全程总运费。在任何情形下，多式联运经营人的赔偿责任限额不得超过货物在全部毁损情况下的赔偿责任限额。《东盟多式联运框架协议》不仅规定了多式联运经营人的最高赔偿限额，而且规范了在某运输区段存在自己独立赔偿责任限额情形下，赔偿责任额冲突的解决办法。

　　该协议规定多式联运经营人、承运人的权利义务，不因加入本协议而被减损。虽然该协议没有对多式联运经营人和承运人的权利、义务作出具体的规定，但却不妨碍多式联运经营人与承运人在其国家国内法的规范内所应当承担的权利、义务。多式联运经营人应当积极履行运输合同中的货物交付义务，对于运输过程中发生的货物毁损、灭失、延迟交付，该协议第十条规定了免责事由，对于免责事由的证明责任，由多式联运经营人承担。根据协议规定，多式联运经营人的责任期间是货物在其掌管内的整个期间。多式联运经营人应当对货物在其管理过程中的整个期间所发生的货物毁损、灭失、延迟交付承担损害赔偿责任。对于仅承担海上区段运输的承运人来说，其责任期间是自接收货物时开始，至货物交付给下一区段承运人之时结束。多式联运经营人与承运人之间的责任关系是连带责任。对于货物毁损的价格，应当以运输合同中所约定的交付地与交付时间的货物价格进行评估。协议中关于诉讼、仲裁的管辖与时效规定，仅适用于多式联运的运输合同，也就是说，只调整托运人与多式联运经营人之间所订立的运输合同，而并不调整其他分合同中当事人之间的权利义务关系。[②]

　　在多式联运多边协议的适用上，除了东盟国家，南美洲和拉丁美洲的国

---

　　① 贺万忠. 多式联运经营人货物损害赔偿限制规则的构建——兼评我国《合同法》与《海商法》的相关规定 [J]. 河北法学，2004 (3).

　　② 陈琳. 集装箱多式联运 [M]. 上海：上海财经大学出版社，2006.

家也采用了这种方式，统一了多式联运经营人的责任制度。安第斯共同体是1969 年基于《安第斯条约》成立的南美自由贸易组织，该组织适用的国际多式联运规则规定是《1996 年国际多式联运协议》（*International Multimodal Transport Decision* 1996）。南方共同市场，是南美地区最大的经济一体化组织，也是目前世界上完全由发展中国家组成的经济共同体，该组织适用的多式联运规则是《1995 年促进货物多式联运的部分协议》。拉美一体化协会是拉美地区最为重要的政府间国际组织，该协会适用的多式联运规则是《1996 年国际多式联运协议》。① 这些协议的共同特征是，都适用《1991 年单证规则》中的规定。经营人责任制度采用的是"过错责任 + 免责事由"的立法模式，赔偿责任限额为每计件单位 666. 67SDR 或者 2SDR/毛重公斤，以较高额为准。

根据上述国家的做法，美国通过一系列国内法与国内政策的实施，助力多式联运的规范与发展。对于国际公约的制定，美国积极参与却没有急于加入，只是吸纳国际公约中适合本国发展的规则，在国内法中施行。英国法院除了适用国内法外，也适用国际公约、欧盟法中的规定，在新领域的立法问题上，允许以条例的方式吸纳国际公约中的规定。比如，使电子运输记录合法化。荷兰在《新民法典》中，规定了关于多式联运的责任制度。德国在《新海商法》的制定上，吸纳了《鹿特丹规则》中的一些新概念，但是在具体标准的制定上，虽然力图向《鹿特丹规则》靠拢，但是最终仍旧延续了《海牙维斯比规则》中的方式。在韩国，多式联运的相关法律规定主要存在于《韩国商法典》。在日本，通常是根据多式联运的标准合同规范当事人的权利义务，进行商务磋商。因而多式联运的标准合同，在日本弥补了多式联运领域的立法空白。东盟国家则以框架协议的方式，规范该区域的多式联运事业。可见，各国的主要方式仍然是适用国内法的规定，对于国际公约的标准，也是以吸纳为国内法的方式予以适用居多。尤其是英国、德国在借鉴《鹿特丹规则》的过程中，没有对国际公约的规定全然接收，而是吸纳了一些新概念。除此之外，日本以多式联运标准合同的方式规范当事人的权利与义务。东盟国家制定了区域性多式联运框架协议，专门规范本地区的多式联运发展。

二、促进国际多式联运规则的统一

从现有国际公约的生效情况来看，《1980 年多式联运公约》是专门针对国际多式联运而制定的公约，但是至今尚未生效。《鹿特丹规则》在对于"运输合同"的规定中指出，合同应对海运部分作出规定，也可以对海运以外的

---

① Regional/Sub – Regional Laws and Regulations［EB/OL］.［2017 – 08 – 01］. http：//unctad. org/en/Docs/posdtetlbd2a1. en. pdf.

其他运输方式作出约定。这种规定方式，被通俗地称作"海运+其他"（Maritime Plus）。所以，从实际适用的角度来说，它可能是一部多式联运公约，可能是一部联合运输公约，也可能只是一部海运公约，而这部公约至今也尚未生效。在网状责任制盛行的情形下，单一运输模式下的国际公约，起着规范、统一运输合同当事人权利义务的作用。目前，我国加入的国际运输公约有《国际公路运输公约》《关于铁路货物运输的国际公约》《华沙公约》，而在海运方面，我国并没有加入任何国际公约。笔者认为，在国际多式联运公约尚未生效的情况下，加入单一运输模式下的国际公约，也是对统一国际多式联运规则的贡献与推进。我国一方面应当充分遵守已加入的单一模式的货运规则；另一方面对于没有加入的国际运输规则，以及尚未生效的多式联运公约中，适合国际贸易趋势、符合我国国情、有利于国际规则统一的内容或条款，应转化为国内法规定。

21世纪彰显着经济全球化、政治多极化、知识经济时代的特点，市场经济的发展规则需要顺应时代发展的必然要求，这促使市场经济服务的各项法律法规走向全球统一。经济关系是法律规则的基础所在，市场的发展与法规的规制相互统一，才能够促进经济全球化的发展。经济全球化首先是资本、信息领域的全球化，现代物流作为资本与信息的集成产物，在以高新技术为支撑的知识经济时代得以高速发展，海上货物运输作为现代国际物流的重要运输方式，多式联运作为未来物流的发展趋势，其规则制定与统一的重要性显得尤为突出。从现在国际立法尝试的趋势来看，"港到港"的运输规则正在向"门到门"的运输规则延伸。在承运人的责任制度方面，过错责任制度不变，有从减少或删除免责条款向完全过错责任制发展的趋势。目前，在国际海上货物运输方面，我国《海商法》规定的承运人的责任基础以《维斯比规则》《汉堡规则》为基础，保留了航海过失、管船过失免责条款。在沿海货物运输与公路运输方面，采用的是我国《合同法》第十七章"运输合同"下的无过错责任制度。

国际多式联运是现代物流的重要环节，但是国际多式联运经营人的责任制度却并没有达成国际统一标准，这一现状令人担忧。《1980年多式联运公约》规定了经修正的统一责任制，但是未能生效。有的国家或者地区加入并适用《1980年多式联运公约》中的多式联运经营人制度，有的国家制定或者正在尝试制定本国的多式联运法规。中国、德国、荷兰等国家目前的国内法，采用网状责任制，1996年拉丁美洲一体化协会制定了经修正的统一责任制，在多式联运单证规则中采用的是网状责任制。当今世界的主要集装箱班轮运输公司所采用的多式联运单证条款，适用的是网状责任制。① 然而，国际货物多式联运的法律规范，远未形成国际统一标准。虽然，在运输实务中，多式联运经营人的网状责任制与《维斯比规则》中的责任限制规定，被国际海运界所适用，但是这远没有达到统一国际多式联运规则的程度。多式联运经营人责任制度的国际统一化进程依旧长路漫漫，只有在各个运输区段的承运人责任制度能够达到基本统一的前提下，多式联运经营人责任制度才有可能实现真正的统一。在国际贸易中，推进国际贸易规则的普遍适用，促进各国国内法规范中单一运输规则与多式联运规则的统一，将有利于国际多式联运规则的统一化进程。

第二节　完善我国多式联运经营人责任制度的立法原则

随着集装箱运输、"门到门"运输以及现代物流产业的蓬勃发展，运输行业已经不再是简单集中运输的联合。尤其在经济全球化的大环境下，陆运、海运、空运等国际多式复合型运输逐渐增多。20 世纪 60 年代之后的集装箱运输，使得"港到港"运输得以延伸至"门到门"运输，多式联运也就随之产生。目前，国际多式联运已经成为国际货运方式的发展方向。传统单一运输方式向多式联运综合运输形式的发展与变迁，是社会经济发展需求的必然结果。在国际海运中，集装箱运输占据着重要地位，不但运量在逐渐上升，所运货物的价值也随之增大。因此，与集装箱运输紧密结合的多式联运制度，已经成为运输实务中的一项重要课题。

一、基于国家战略的考量

发展多式联运事业，应当立足国家整体战略要求。2013 年秋，习近平主席在出访中亚、东南亚国家期间提出了共同建设"丝绸之路经济带"与"21世纪海上丝绸之路"的合作提议，并称"一带一路"倡议（the Belt and Road，B&R），得到国际社会的广泛关注。② "一带一路"倡议，是一种基于各国协同合作，共谋发展的提议。在以现有的双边或者多边合作机制为基础，构建更加广阔的互通平台的过程中，加深涉及国家的经济与贸易合作关系，一同创建互相包容、彼此信任、经济贸易更加相互融合的发展局面，使各国认识到在经济、文化、政治等领域的共同利益与发展需求。"一带一路"倡议，是一项系统建设工程。应当坚持共商、共建、共享三原则，即共商项目

---

① 朱曾杰. 21 世纪国际海运法规的若干动向 [J]. 海事法律，2001 (11).
② 吕君. "一带一路"背景下内蒙古旅游业发展研究 [J]. 内蒙古财经大学学报，2016 (12).

投资、共建基础设施、共享合作成果。在建设内容上，应当实现"五通"，即道路联通、贸易畅通、货币流通、政策沟通、人心相通。[①] "一带一路"经济带，是当今世界上跨度最长的经济走廊，它连接起亚太、非洲、欧洲等多个经济圈，沿线国家中以新兴经济体和发展中国家居多，覆盖人口约44亿人，占世界总人口数的63%，经济总量约达21万亿美元，占全球经济总量的29%。[②] 毫无疑问，这是当今世界最具发展潜力的经济带。[③]

"一带一路"东连亚太地区，是世界上跨度最广的经济带，也是最具潜力的经济带，西连欧洲经济圈，覆盖区域人口近44亿人，经济总量约占全球的29%。"一带一路"沿线国家，不论是在经济、产业结构上，还是在市场、资源上都存在着差异，这些差异使各国之间形成了贸易互补的关系，从而有利于各国之间在经济贸易往来上的深度合作。"一带一路"倡议对我国进一步开辟进出口市场、开阔对外贸易空间、促进产业升级、协调区域发展、带动新的经济增长具有深远意义。"一带一路"倡议，作为一项开放性综合系统工程，需要政策、经济、贸易层面的全面支撑。"一带一路"倡议是在我国国际化程度不断增强的大背景下提出的，想要实现经济上的密切联系与合作，就必须首先实现交通上的互联互通，拥有庞大的交通网体系，才可以保证物流的畅通，实现人员、物资的流动。因而，在整个战略构建的过程中，交通运输业的发展至关重要。"丝绸之路经济带"依照地理环境的区别可以分为四大区域：中亚地区、高加索山脉以南的地区、俄罗斯、欧洲地区。海运部分按照航线划分，可以分为太平洋航线、大西洋航线、印度洋航线。当然，由于各个国家地形地貌的差异，以及地理位置的区别，使得多式联运的发展成为有效连接各个经济区域的重要纽带。尤其是陆海联运建设，作为国际多式联运中的最主要模式，价格较低、运输稳定、便捷。在国际贸易日益频繁的今天，各国对于交通设施建设的重视程度也在逐步提升，建设多式联运网络体系过程中的一个重要环节就是将这些交通运输线与各个港口、码头、场站相连接，交通运输网络的完善已经成为扩展贸易空间的重要方式。

多式联运的建设，应当在现有运输网络的基础上因地制宜地开展。多式联运的立法工作，也应当以当地运输发展现状为基础，逐渐形成完整的多式联运法律法规体系。在"一带一路"的具体规划建设上，全国被分为五大区域：西北、东北、西南、沿海、内陆地区。在西北地区，以陕甘新为建设重点，打造陆上丝绸之路经济带的中心区；在东北地区，以黑吉辽为建设重点，

---

① 徐磊. 经济全球化与对外开放 [J]. 知识文库，2017 (2).

② 邓继跃，隆学武，张武，谢扬林. 2014装备工业蓝皮书 [M]. 北京：北京联合出版公司，2014.

③ 赵钊. 亚投行是"一带一路"战略的重要支柱 [J]. 国际融资，2015 (5).

从而打通从北京到莫斯科的欧亚高速运输走廊，经莫斯科与德国相连，实现与欧洲铁路系统的汇合；在西南地区，以云广为建设重点，建设面向东盟的国际通道；沿海地区主要以上海、天津、泉州、海口等沿海港口城市为建设重点，尤其发挥上海自贸区的作用；在内陆地区，以郑州、武汉、长沙等交通枢纽城市为建设重点，着力打造中欧班列、郑州、西安航空港、国际陆港建设。

我国是一个海陆兼备的国家，发展陆上经济与海运经济同样重要。改革开放以来，我国已经成为世界第二经济大国，面对日益增加的贸易往来，应当更加注重多式联运的综合运输体系建设，提高物流通畅度，方便经济沟通。"一带一路"倡议的提出，将非常有利于多式联运建设中陆海联运的建设，进一步完善合作区域内的基础设施建设，带动覆盖国家的产业互动与升级，促进经济贸易发展。除此之外，也要注重海陆节点的建设，所谓海陆节点指的是沿海港口、过境口岸、无水港，是不同运输方式之间进行切换的重要交通枢纽，对整体多式联运的运作效率与质量来说，起着至关重要的作用。①

"丝绸之路经济带"的陆上建设，主要针对公路与铁路运输，充分利用亚欧板块的陆上交通空间。建设陆上丝绸之路应当充分利用各国已经建设形成的交通运输网络，打通国际关卡。目前来说，欧亚陆上交通建设比较成功的范例是亚洲公路网与泛亚铁路网。2010 年，亚洲十八国代表在韩国第一大港口城市釜山签署《泛亚铁路网政府间协定》，依协定要求，亚洲将建设 4 条泛亚铁路主干道，总长 8.1 万公里，覆盖 28 个国家，这四大干道分别是连接韩国、朝鲜、俄罗斯、蒙古国和哈萨克斯坦等国家的东北亚干线；连接中国、缅甸、泰国、越南、柬埔寨的东南亚干线；连接俄罗斯至波斯湾的北干线；从云南经由沿途印度、孟加拉国等国家连接土耳其的南干线。建设过程中的困难之处在于，泛亚铁路所适用的铁轨规格不一，目前来说，世界各国的铁路轨距比较通用的是 1435 毫米，但是实际中还是存在窄至 610 毫米宽至 2141 毫米并不统一的局面。不同的建设需求，使铁轨的连接并不那么容易，在不同轨距衔接之处，需要更换货车，重新载货。2004 年在上海举办的亚太经社会第六十届会议上签署了《亚洲公路网政府间协定》，于第二年 7 月正式生效，协定中所说的亚洲公路网指的是能够连接亚洲各个国家首都、工业旅游商业重镇、主要港口的交通运输网。亚洲公路网，全程 14.1204 万公里，全线竣工之后，能够实现亚欧公路网络的全面对接。自协定生效以来，亚洲各国都在积极开展高速公路的建设，2015 年底，我国的全国公路总里程达到了 457.73

---

① 陈恒等. "一带一路"物流业发展驱动因素的动态轨迹演变——基于劳动力投入的视角［J］. 上海财经大学学报，2015（4）.

万公里，在公路网建设中，我国与日本、新加坡、马来西亚的建设质量较好。相比较而言，南亚是亚洲高速公路中密度较低的区域。对于海上运输的建设，比较经济的做法也是充分利用已经通航的海上运输线路，需要的话，可以进一步整合，提升运力。我国作为海运大国，遍布全球的海运线路已经超过了5500条。

2015年3月28日，国家发展改革委、外交部、商务部联合发布了《推动共建丝绸之路经济带和21世纪海上丝绸之路的愿景和行动》①，阐述了我国政府制定和发布"一带一路"倡议的出发点。早在两千多年前，勤劳勇敢的先人就开拓了"古代丝绸之路"，为亚、欧、非三大洲之间的经济、文化交流奠定了良好的基础。千百年后的今天，人们坚持着这条古代文明之路上的交流与往来，为东西方文明的相互融合保存了一座桥梁。21世纪以来，各国之间的贸易合作日渐增多，面对纷繁复杂的国际局面，传播、弘扬丝绸之路精神更显珍贵。"一带一路"倡议是一项系统工程，有利于促进沿线国家的发展与合作，进一步团结了亚欧非国家，以期共同携手迈进相互合作的新时代。全面推进"一带一路"倡议，有利于促进亚欧非大陆以及周边海运的互联互通，加强各国之间的贸易往来，发掘各个区域之间的市场特色与经济潜力，带动消费与投资，增加就业，增进人民感情，使各国人民过上更加祥和富足的生活。中国坚持对外开放政策，也希望在力所能及的范围内，通过努力为人类的和平与发展作出贡献。

"一带一路"的整体建设，横跨整个亚欧大陆，由多种不同的运输方式所组成，包括海运、空运、公路、铁路、管道等运输形式。在"一带一路"的建设过程中开展多式联运建设，是此经济带发展的必然需求，有助于提高综合运输能力，提高物流的集散率。国际多式联运一份多式联运合同、一份多式联运单证的特点，有利于降低运输成本，增强货运力，促进新丝绸之路的繁荣，更好地支持"一带一路"经济带覆盖国之间的贸易流动。"一带一路"倡议的长久发展，需要法律法规的支撑，为该区域内的多式联运发展提供公平、高效的法律保护。有学者认为，应当在"一带一路"所涉及的经济区域内建立统一的运价机制与结算方式，积极推广电子单证的使用。避免因转运而导致的价格差异和运输数据的重复，提高信息的准确性，以及海关、检验部门的工作效率。② 对于"门到门"的高级运输形式来说，在面对"一带一路"的法律适用倾向上，应当采用便利交易、成本最小的法律形式。③ "一带一路"倡议的提出，对于发展国际多式联运具有深远意义，对未来我国的多

---

① 京雨. 构建"一带一路"需要优先处理的关系 [J]. 领导文萃, 2015 (7).
② 穆毅, 马天山. 新丝绸之路开展国际多式联运的障碍及对策 [J]. 综合运输, 2005 (4).
③ 付小曼. "一带一路"视角下"多式联运"法律界定的理论审视 [J]. 法制与社会, 2015 (8).

式联运立法也是一种敦促。

如今国际形势风云变幻，随着全球化的加速，国际金融危机对各个国家及地区的影响力也在逐步加大。在全球经济逐步复苏、日益发展的同时，全球贸易形势、投资结构也面临着更深层次的调整。共同建设"一带一路"，顺应全球化的大趋势，有助于加大不同国家与地区之间的文化、经济、信息等的沟通与交流，以更加包容、开放、友善的态度，促进区域间的合作与发展，以此来维护国际贸易市场的发展与稳定，保证开放型经济的健康发展。多式联运作为"一带一路"建设过程中的具体体现，承载着扩大交流与合作的历史使命，因而在多式联运法律法规的制定上，应当充分考虑"一带一路"沿线国家的多式联运立法习惯，减少不必要的法律冲突，在规则制度的设定上，应当有利于"一带一路"全局建设与发展，尤其若能够被"一带一路"沿线各国所接受与采纳，则更加能够加速多式联运国际规则的统一进程，提高我国在多式联运领域立法中的国际话语权。

在"一带一路"的建设过程中，伴随着资源的流动，国际市场也可以实现进一步的融合。以经济层面的互通与协作，带动各国政府间政策的调整。通过广范围、深交流、高水平的跨国、跨区域合作，来营造更加完善的经济合作框架。从长远来看，"一带一路"倡议符合国际社会的需求，也能够表达人类对于共建美好家园的愿望。这是我国对于寻求国际发展与合作，维护世界和平与发展所作出的创新与贡献。"一带一路"倡议主要以亚非欧大陆以及周围海域的协同发展为目的，以期建立起互通互联的经济发展模式，保证这一区域的长久、平衡、可持续发展。在发展互通互联的过程中，注意不同国家与地区之间法律与政策的对接，以及不同区域间的需求差异，寻找可以互补的消费方式与机遇，增进人民之间的情感与文化传递。当今，中国的发展与世界各国密不可分。坚持改革开放，构建新的发展模式，更加积极、深入地融入国际经济的发展中，是我国的发展需要，同时也是"一带一路"倡议覆盖国共同的发展需要。中国希望可以为全球经济发展，以及维护人类社会的和平稳定作出力所能及的贡献。建设"一带一路"，涉及多国的发展与利益，需要秉承联合国宪章中的要求，遵守和平共处五项原则，相互合作，共谋发展。通过"一带一路"倡议，可以促进相关国家共同发展，增进各国之间的了解与信任，深化各国之间的友谊。从地理范畴上来说，"一带一路"倡议覆盖欧亚非大陆，将东亚经济圈与欧洲经济圈连接在了一起，使覆盖地区形成了一个大型商圈。在陆上区域，以城市为依托，以产业园区为平台，建设了一条新型的经济走廊。在海上，以港口为依托，共同建设海上运输通道。在合作方式上，积极利用已经形成的双边或者合作机制，制定合作备忘录或者合作规划，充分应用中国—东盟"10＋1"、中阿合作论坛、亚太经合组织等合作机制，积极发挥合作论坛的作用，促进经贸领域的磋商与合作。

多式联运的发展需要强大的资金支持。2013 年 10 月 2 日，习近平主席提出了筹建亚洲基础设施投资银行（Asia Infrastructure Investment Bank，AIIB，以下简称亚投行）的倡议。2015 年底，亚投行在京成立，法定资产 1000 亿美元。亚投行是政府间性质的亚洲区域多边开发机构，其重点支持项目在基础设施建设领域，其成立宗旨是促进亚洲区域的建设、加快互联互通和经济一体化的进程，从而全面加强中国及其他亚洲国家和地区的经贸合作。[①] 通过重点投资亚洲地区的基础设施，包括能源、电力、交通、电信、农业、供水、卫生、环保、城市发展、物流发展等基础设施建设来促进亚洲发展。签署备忘录之初，东南亚十三国、南亚三国和中亚三国便早早参与其中，成为意向创始国，这些国家也是最先响应"一带一路"倡议号召的国家。之后，英国等西方金融业强国的加入，为亚投行增添了新的多元化因素，也增强了我国"一带一路"倡议的国际信誉度与建设可行性。"一带一路"倡议西至欧洲，所以，吸引欧洲国家主动加入"一带一路"倡议中来，对未来的发展具有深远且重大的现实意义。[②] 东方证券认为，从历史的角度来看，英国对于东南亚国家有着较为广泛的影响力，它作为首个加入亚投行的西方国家，有利于提升亚投行的国际影响力。在金融领域具有丰富发展经验的欧洲国家的加入，能促进亚投行为"一带一路"倡议发展中互利共赢理念的实现注入新的活力。我国需要充分学习与借鉴世界金融强国的发展经验，以完善亚投行的治理结构，推动中国金融服务行业走向更加成熟的发展阶段。

基础设施的互联互通，是"一带一路"倡议的优先建设领域，也是多式联运发展的建设基础所在。我国主张，充分尊重相关国家的主权完整与领土安全，在此基础上，完善"一带一路"沿线国家基础设施建设的整体规划，实现技术标准体系的完美对接，一同致力于国际骨干通道建设，建设能够连接亚洲各个地区以及亚欧非地区的基础设施网络。但是，就现阶段而言，"一带一路"基础设施建设仍然存在着巨大的资金缺口。亚洲开发银行（以下简称亚开行）曾在经济预测报告中指出，2010—2020 年，亚太地区基础设施建设总投资额为 8 万亿美元，而目前亚开行每年所能够提供的基础设施项目贷款额度只有 100 亿美元。基于此种情况，建设亚投行的重要目的之一，就是融合全球资本，以弥补亚洲基础设施建设中的资金缺口。亚开行是以美国、日本为主导的金融体系，在这一金融体系下，发展中国家对于亚洲的投资和发展没有足够的话语权、投票权。2014 年日本的 GDP 总额是 4.9 万亿美元，

---

① 王达. 亚投行的中国考量与世界意义 [J]. 东北亚论坛, 2015 (5).
② 胡滨. 亚投行启航——我们未来的路 [J]. 商业文化, 2015 (7).

而中国则达到了 10.3 万亿美元，从这一数据对比中可以看到，亚开行的资本运作不足以充分地反映亚洲乃至整个世界的发展变化。我国致力于建立能够为亚洲发展中国家提供更多发展机遇与话语权的金融体系，因而建设亚投行的需求呼之欲出。

多式联运建设中有相当程度的基础设施建设需求，比如，道路的互联互通，多式联运信息化平台的建设与适用等。这些都有强大而稳定的资金链需求，同时也是亚投行在资金融通领域所面临的巨大挑战。虽然说，亚投行的管理模式是在世界银行与亚开行的基础上吸取长处、力求创新，但是在实务中，对于管理层的组成问题、投票机制的制定问题，仍然存在着诸多争议。怎么样才能够更加公平、合理地协调各个成员国之间的利益关系，平衡各国在经济发展中的需求，平稳地推进亚投行各项工作机制的制定与运行，是我国需要面对的重要议题。在亚投行的 57 个成员国中，虽然并不缺少像英国、法国、德国、意大利这样的西方大国，以及瑞士这样的金融强国，但是作为世界银行和亚开行的实际操纵者，美国和日本并未加入的问题也不容忽视。除此之外，在基础设施建设的投资选择、建设评估与运营，以及后续的报告等方面，我国仍然需要一定的技术支持与建设意见。对于基础设施建设来说，建设的周期长、成本、风险比较高，尤其是对于跨国建设项目来说，更是面临外汇、政策、社会环境等各种因素的制约。对于亚投行的建设投入本身来说，如果建设项目出现了中断，或者项目的投资方资金出现了问题、贷款国的国家政局出现了动荡，都会影响亚投行的金融动向。除此之外的军事、政策等非经济层面的制约因素，也会影响投资进展。在防御政策风险，应对战争、军事冲突所带来的影响方面，我国需要借鉴国际金融组织或者其他国家在应对这些问题时的有效经验，尽最大可能避免危险的发生，减少由其带来的损害。① 从一些国际经验来看，发展金融组织，仅仅依靠组织成员国的最初入资，是不足以满足组织未来发展建设需要的。必须充分利用"金融杠杆"在实际建设中的调节作用，最大限度地调节利用资金。在以美国为首的全球金融评价体系中，在很长的一段时间里都没有基于亚投行的较好的信誉评估体系，这种状况对于亚投行的资金募集来说，是极为不利的，加大了亚投行发行金融债券等募集资金的难度。不仅如此，在扩大资本利用范围，拓展资金源的过程中，也会遇到不小的阻力。

在多式联运的基础设施建设上，需要充分保障建设资金的融通性与稳定性。就确保资金的稳定与融通，亚投行将主要工作放在如何掌握金融话语权和制定统一的工作规则与利益分配机制上，从而扮演好保证基础设施建设资

---

① 直面亚投行面临的挑战 [EB/OL]. http://www.howbuy.com/news/2015 – 07 – 30/3490945. html.

金支持的重要角色。当今国际金融市场的话语权依旧掌握在占主导地位的四大国际金融机构——世界银行、IMF、亚开行、欧洲复兴开发银行手中。亚投行基础设施建设这块大蛋糕，吸引着各方。例如，以世界银行集团为首的全球基础设施基金，就是对亚投行的一个挑战。全球基础设施基金的设立模式是，与世界范围内的大型资产管理公司和私募股权基金、商业银行等金融机构建立全面合作关系。① 面对挑战，各国应该充分沟通，提高治理能力，寻求公平与效率之间的最佳平衡。2015 年 7 月，亚投行 57 个意向创始成员国的代表齐聚北京，并出席了《亚洲基础设施投资银行协定》（以下简称《亚投行协定》）的签署仪式。中国是目前亚投行的第一大股东，也是拥有投票权占比最高的国家，认缴股本为 297. 804 亿美元，占据 26.06% 的投票权。② 但是，中国并不想强调自己在亚投行拥有最大投资权的现状，而是愿意采取更加开明的方式，与亚投行的各个成员国共商建设事宜，推动亚投行成员国的经济发展，促进各国之间的沟通与合作。中国希望通过自己在"一带一路"、亚投行建设中的努力，使世界人民更加意识到中国对于和平发展的期望，对于促进全球经济与贸易交流的诚意。面对亚投行建设过程中所历经的风雨，我国与各个成员国应当积极吸收国际金融组织在基础建设投资领域的先进经验与成功做法。与此同时，积极吸纳世界各国在此领域的人才，尤其是在金融、法律、基础设施建设运行、国际融资、商事协调方面的高精人才。共同努力，做好亚投行在投资基础设施建设过程中的风险控制工作。在扩大利用投资规模方面，应当鼓励发展跨国基础设施投资中的公私合营模式（PPP 模式），吸纳私人建设资本，并且充分发挥私人投资模式对于项目审查和投资回报的敏感性，加强对建设项目的投资管理和风险控制。③ 在多式联运的建设发展过程中，可以充分鼓励运输企业的参与，以 PPP 模式促进多式联运建设的融资。

多式联运的稳定、健康、长久发展，需要各国的协同合作。保证良好的合作关系，平衡各国的金融利益，是亚投行需要解决的一项重要课题。亚投行需要探索一套能够被参与国所普遍接受的工作准则与利益分配机制，保障亚投行得以健康运行，使跨国家/地区多式联运建设得以稳定发展。2015 年 7 月《亚投行协定》的签署，标志着亚投行走完了建章立制的程序。亚投行的各个意向创始成员国代表聚首北京，共同见证这个需要各方遵守的亚投行基本法的诞生。各签署国一致认为，在全球化进程的大环境下，加强区域合作、

---

① 白秀兰. 对亚洲基础设施投资银行的现实分析 [J]. 国际金融，2015 (3).

② 中国认缴 298 亿美元成亚投行第一股东 [EB/OL]. http：//www. yjbys. com.

③ 亚投行协定正式签署　中印俄列前三大股东 [EB/OL]. http：//www. xinhuanet. com/fortune/caiyan/ksh/15. htm.

促进亚洲经济体的持续、健康、稳定发展，具有重要的时代意义，有助于提高亚洲地区的金融风险防御能力。在实现基础设施建设的互联互通与促进一体化进程中，亚投行的设立有助于亚洲经济增长与全球经济的发展。《亚投行协定》的内容，基本上考虑了成员国不同利益诉求的平衡，体现了国际经济形势的发展方向与需求。依照《亚投行协定》，各个会员国分配股权的依据是本国的 GDP 总量。因为不同国家的 GDP 计算方法并不完全相同，所以出于公平的考虑，对各国 GDP 的核算方式采用以汇率计算法、购买力平价计算法为基础的加权平均计算法。通过这种计算方法，最终产生的亚投行前六大股东分别为中国、印度、俄罗斯、德国、韩国与澳大利亚。[①] 这种排序方法在国际多边机构中，第一次彰显了新兴经济体的优势，也在一定程度上反映了国际经济格局正在发生的变化。在《亚投行协定》签署之前，外界一直猜测中国会不会追求一票否决权的超级地位，时任财政部副部长史耀斌说："中国在亚投行成立初期占有的股份和获得的投票权，是根据各方确定的规则得出的自然结果，并非中方刻意谋求一票否决权。"长远来说，股份和表决权的分配方式并不是一成不变的。因为亚投行的成员国在不断充实壮大，占有多数股权份额与表决权的国家也会在这个过程中逐渐地被权利稀释。这种股份与表决权的动态模式，体现了亚投行的开放性，以及真正的区域开放主义。根据《亚投行协定》的规定，理事会是最高决策机构，根据待表决事宜的具体情况，采取简单多数、特别多数和超级多数的原则进行决策。这是《亚投行协定》的一个重要特色所在，也是亚投行能够在未来得以顺利发展的重要机制规则。[②]

国际多式联运的发展，需要广阔的贸易市场与金融市场作为支撑。亚投行的设立，有利于促进多式联运的连通性与衔接性，有利于拓展国际经贸领域的合作与发展。作为政府间多边开发银行，亚投行具有两大工作宗旨：一方面，通过在基础设施或者其他生产性领域的投资，来促进亚洲经济整体的可持续发展。在投资与融资的过程中，充分改善亚洲地区的基础设施，实现"一带一路"倡议中最大限度的互联互通。另一方面，亚投行将与其他的多边开发机构或者双边开发机构，形成紧密的全面合作关系，维护成员国之间的战略合作伙伴关系，积极应对新时代所带来的机遇与挑战。国家行政学院冯俏彬教授指出，亚投行的重点投资领域是亚洲地区的基础设施。并将重点锁定在欠发达国家和地区，以及新兴经济体中迫切需要开展基础设施建设的国家与地区。亚投行的建设项目选点，应当重点考虑那些可以集中从事生产的

---

① 沈铭辉. 亚投行利益共同体导向的全球经济治理探索 [J]. 亚太经济, 2016 (3).

② 亚投行"基本法"的核心命题 [EB/OL]. http://news.xinhuanet.com/fortune/2015 - 06/30/c_127965832.htm.

港口、码头、道路、铁路等，这些地点一方面构成当地经济发展的重要支撑，另一方面也是发展多式联运的建设基础。冯俏彬教授认为，亚投行既不是商业性银行也不是纯政策性银行，而是准商业银行。随着《亚投行协定》的签署，亚投行开始逐渐显露出其运营机制与投融资模式的优势与特色。[①] 在多式联运建设上，应当对建设项目的推进难度与未来收益作出评估，以适合其投资建设的方式获取亚投行的融资支持。

在多式联运的交通网络完善上，中欧班列作为往来于中国与欧洲等"一带一路"沿线各国的集装箱铁路联运国际班列。它的运行通车，对于完善铁路运输网具有重要意义。亚欧之间的物流运输通道，包含海运、空运、陆运通道，其中以中欧班列运距最短、速度最快、安全性能最高，加上其绿色环保、对环境影响较小的优点，使其成为国际物流通道中的一条骨干运输干线。随着中欧班列运营的逐渐成熟，沿途国家也将在经贸活动中更加受益，为"一带一路"的拓展与发展提供了重要保障。中欧班列自 2013 年 7 月 18 日开行至今，已经累计运营 300 班。2015 年的运营总货值是 7.21 亿美元，货物总重量达到 6.28 万吨，可以辐射我国四分之三的地理区域，境外可连接 20 个国家 108 个城市，各项综合指标居于全国运输榜前列。2017 年 1 月中欧班列已可到达英国伦敦火车站，自我国义乌起全程 12451 公里，18 日可抵达终点站。这一班列的顺利运营，开启了中英贸易的新模式。中欧班列的建设意义，在于将零散的商路以铁路的形式连成经济带。其他形式的运输也可以通过与中欧班列运输节点相连接的形式，形成更加完善的交通运输网络。

二、争取国家政策先行

第一，多式联运建设是一项系统工程，涉及多种运输的不同组合方式，需要在"硬件"与"软件"上共同推进。在推进立法工作的过程中，多式联运术语、标准的规范化，也起到了至关重要的作用。根据交通运输部与国家发展改革委联合印发的《关于开展多式联运示范工程的通知》（以下简称《通知》）要求，发展多式联运不仅仅是基础设施的建设与衔接，更应当积极开拓不同运输模式之间的组织方式，逐步消除不同区域市场之间的经济、贸易壁垒，推动一体化多式联运经营方式的确立，努力建成"一单到底"的无缝式综合运输体系。在开展多式联运工程建设与运行模式探究的同时，还应当鼓励制定企业标准，进而为行业标准与国家标准的制定做准备。《通知》鼓励申报多式联运示范工程，尤其，优先考虑"一带一路"、长江经济带、京津冀等地区的工程，从而更好地服务国家战略需要。"一单到底、一票结算"，

应当是多式联运市场的发展前景，各个不同运输方式之间可以有序切换，完成整个货运过程。未来，商务部将以"不倒箱、不倒盘"为工作目标，积极推广标准化托盘。海关总署的工作人员表示，海关将会积极配合交通运输部的工作，履行自己的监督、查验职责，尽快建立起多式联运单证体系，为逐步降低货运成本而努力。

交通运输部专门针对多式联运发布了两则行业标准：《货物多式联运术语》和《多式联运运载单元标识》，自 2017 年 4 月起生效实施。交通运输部的这一行为，弥补了我国多式联运行业标准的空白，意味着我国开始着力建立自己的多式联运标准体系。笔者认为，多式联运国家行业标准的制定，也是多式联运法律法规体系建设的重要组成部分。"多式联运"的概念，实则来自西方国家的运输实务，因而对于概念本身的界定问题，在世界上不同的国家或者地区，往往存在一定的差异。在《韦氏大词典》中，多式联运的定义是：在一次运输过程中，存在或包含不止一种形式的、由承运人进行的运输。根据这一定义，运输过程中包含中形式的承运人运输过程，但是很明显这一定义的内容过于简单。美国运输部给出的定义是：多式联运是指在运输模式间可以互换的货物集装箱的运输，这些运输模式包括公路、铁路、水运、空运以及设备在该多重系统内兼容之处。美国运输部在多式联运的定义中，着重强调了集装箱作为多式联运箱具的重要性，但是却将货物的运输载体局限在了一种运输器具上，所以这一定义也不够准确全面。联合国欧盟经济委员会、欧洲运输部长会议和欧盟联合制作的《组合运输术语手册》（*Terminology on Combined Transport*）中，多式联运的定义是"货物在同一个装载设备或道路车辆内，依次采取若干种运输方式，而不需在改变运输方式时对货物本身进行装卸，货物的这种运输被称为多式联运"。美国国家多式联运中心认为，从宏观角度来说，"多式联运是一种规划、建造并运营强调运输资源的有效利用和各种运输方式间的连接性的运输系统的办法，注重整个运输过程的质量、成本、时间、安全"。这一定义将多式联运看作提高资源利用率和运输系统效能的办法或途径，体现了多式联运运输方式间连接性的重要性，以及相应的社会效应与经济效应。由于研究视角和应用领域的不同，对于多式联运定义的内涵和外延往往存有差异，标准不一。分类来说，强调多式联运是由多种运输方式参与的定义，会使人们夸大多式联运的范围；而过多强调集装箱作用的定义，会使人们对采用非集装箱载体的运输方式存有疑惑。丹佛大学学者希利维茨认为，对多式联运概念的不同理解甚至误解，是发展多式联运的一大障碍。我国在引入多式联运的概念时，也存在定义、解释、使用或者是表述上的偏差，很容易造成概念上的混淆，从而影响其在运输实务中的使用，制约我国的综合运输建设。

精确多式联运的相关概念，是规范多式联运建设与发展的重要前提，同时也深深影响着多式联运行业标准的制定。而今两项标准的制定、发布，有利于明确多式联运的概念，使多式联运术语更加标准化，为多式联运的建设提供更加明确的规则。在《货物多式联运术语》中，对于多式联运、组合联运、联合运输这些容易混淆的概念进行了划分。"联合运输"（multimodal transport）的概念比较简单，就是从收货至交货，采取了两种或者两种以上的运输形式；所谓"多式联运"（intermodal transport），虽然也是采用了两种或者两种以上的运输方式，但是，却要求在货运衔接过程中进行快速转换，全程采取一种单一的装载形式，不得对货物本身进行任何操作；"组合运输"（combined transport），指的是运输全程的主要运程采用铁路、海运、水运等形式，但是在运输的初始阶段或者运输的最终辅助性运输部分，采用的是比较短程的公路运输方式。《货物多式联运术语》对"多式联运经营人""多式联运承运人""实际承运人""无车承运人""无船承运人""货运代理人""货运经纪人"做了界定。多式联运经营人是同托运人订立多式联运合同的人，以承运人的身份对运输全程承担全部责任。多式联运承运人的主要业务是负责运货或者组织、承诺运货，并且收取运费。实际承运人掌握运输工具，参与实际运输中的分段运输任务。无车承运人，如其字面意思，并不拥有运输车辆，具有承运人身份，按照托运人的委托，依据与实际承运人之间所签订的运输合同，承担承运人的运输责任。无船承运人，不拥有船舶，具有承运人身份，发布运价，依托运人的委托签发提单或者运输单证，收取运输费用，与拥有船舶的承运人订立运输合同，并基于运输合同承担承运人的责任、义务，负责海上货物运输。货物代理人，则是以托运人的名义与承运人订立货运合同，并且收取代理费，承担代理合同中所规定的责任、义务。货运经纪人，主要负责促成托运人与承运人的交易并且收取该次交易佣金。多式联运的运单，由承运人签发，指的是用于证明多式联运合同、货物已经交付承运人的一种单证，其内容是多式联运起运时的初始信息与服务约定；"一单到底"指的是，在多式联运的全程运输中，只需要凭借一份运单就可以办理全部的运输手续。不仅如此，《货物多式联运术语》还规定了许多技术、管理层面的内容。在《多式联运运载单元标识》中，对于标识系统作出了规定，为了更加适应国际化的运作标准，也吸纳了很多西方国家的规则标准，对于驼背运输、交换箱等在我国尚未使用的运输模式或者运输装置设备进行了规定，从而发挥标准对于运输的积极导向作用，促进我国多式联运事业与国际相接轨。这两则标准的公布，是我国多式联运标准化过程的一个开始。未来，对于多式联运规则体系的建设工作仍将继续，交通运输部将会加大标准的普及与宣传，积极推动这些标准在实务中的适用，并且认真关注运输实务界对于这些标准的适用反馈情况，积极修缮，维护多式联运建设的标准化运行。①

多式联运工作的标准化，是建设综合性交通运输系统的重要工作内容。这对于运输行业的发展、建设起着指引性作用，对于建立经济、高效、便捷的全国综合运输系统意义重大。在现在与未来的经济发展过程中，多运次、小运量的物流对运输行业提出了新的要求与挑战，建立起全国性的综合运输系统，将有利于降低能源消耗，提高货运一体化，促进不同运输形式之间的协同合作。发展多式联运符合未来交通运输的趋势，符合我国的经济建设需求。从目前的情况来看，我国多式联运具有市场需求和供应基础设施的基本条件，但是，一般来说，在建设初期都具有运力覆盖面小，法律法规、政策标注不够全面等问题。20 世纪 80 年代，西方国家通常以政策、法案的形式促进与拉动多式联运的建设。而今我国的多式联运建设也面临着这些问题的困扰，许多概念、术语、标准的分歧往往制约着多式联运实务的发展。国家制定和规范有关多式联运的术语、标准，为的就是提高多式联运建设中的标准化程度，推动实务发展，为建立和完善成套的多式联运行业标准提供条件。

在多式联运术语的制定上，我国对国外的多式联运术语规范进行了充分的研究与吸收。美国在《美国法典》第四十九篇交通运输部分，以及《美国联邦法规》第四十九篇交通运输部分，对多式联运术语进行了规定。与此同时，也收录了其他运输行业规则和联合国有关集装箱规则中的某些术语。欧盟以《组合运输术语》对多式联运中的有关概念、术语进行了规定。日本政府每 5 年颁布一次《综合物流实施大纲》，其中会包含一些与综合物流相关的术语。此外，日本工业标准协会也会出版有关物流中所适用的术语规定。对于"Multimodal Transport"与"Intermodal Transport"，在欧盟委员会所发布的《组合运输术语》中，前者的定义是通过两种或者两种以上运输形式从事货运；后者的定义是在货运全程，货物的装载方式不变，以两种或两种以上的运输方式进行无缝运输，在变换运输形式时也不对货物本身进行任何操作行为的一种货运方式。目前为止，欧洲主要的装运形式是集装箱运输、可脱卸箱体运输、厢式半挂车运输。美国则认为，"Multimodal Transport"与"Intermodal Transport"的概念基本上是一致的，只是前者更侧重于形容不同运输形式的组合；后者更加侧重于形容运载方式。截至目前，我国有五十多项关于集装箱的标准规则，这为我国集装箱运输的设施装备统一，奠定了良好的规则基础。我国在编制多式联运术语的过程中，非常重视已经制定的物流术语、集装箱领域术语、铁路、道路运输术语等规则内容，希望尽力保证与以往规

---

① 多式联运有了"词典"和"身份证"——《货物多式联运术语》和《多式联运运载单元标识》解读［EB/OL］. http：//www. mot. gov. cn/jiaotongyaowen/201702/t20170209_2162849. html.

则的先后呼应。在多式联运的运输装备术语中，可脱卸箱体、内贸集装箱，现已在国际上广泛适用。其中，可脱卸箱体是在欧盟地区广泛使用的运输装备，但是，目前却未在我国得以大范围使用。鉴于欧盟在制定与使用多式联运装备术语方面的充分经验，在运输装备的界定上，我国对欧盟的装备术语进行了一定程度的吸收与借鉴。这些多式联运装置，有些我国已经具备，有些还没有开始使用。比如，在美国河流运输枢纽多采用滚装船来承载货车，我国长江流域也属于内河运输，2010 年，中国长航武汉汽车物流公司建造的滚装船装载着 800 辆轿车驶入长江，这标志着我国滚装船运输开始进入批量规模化的运输发展阶段。① 在多式联运的设施术语中，增加了多式联运物流园区、多式联运场站、无水港、海关多式联运监管中心等概念。

第二，明确管理多式联运工作的政府部门。这不仅有利于规范多式联运工作框架，也利于多式联运相关法律的实施。多式联运发展水平的高低，往往意味着综合运输服务能力大小，高效、安全、稳定的多式联运系统，可以保证货物的运输安全，降低能源消耗。虽然我国的交通运输基础设施建设已经取得了一定的成绩，但是，运输效率较低仍然造成了物流成本的不必要浪费，多式联运整体水平有待提高。发展多式联运，促使不同运输方式之间的"无缝衔接"，提高综合运输效率，关系着整个运输行业转型升级以及可持续发展的实现，对于推动国家运输系统建设意义重大。目前，我国交通运输部下设有国家铁路局、中国民用航空局、公路局、水运局。运输服务司负责拟定综合交通运输中的基本公共服务标准，指导交通运输枢纽管理。在 2013 年3 月召开的第十二届全国人民代表大会一次会议上，将铁道部拟定铁路发展规划、政策的职能划入了交通运输部，取消了原铁道部的建制；在交通运输部下，组建国家铁路局。这一变革，意味着国家有意将各个运输形式的管理职能统归在交通运输部下，从而便于各个工作单位之间的协调沟通，更好地发挥交通运输部对于多式联运建设的指导与管理职能，更加高效地与商务部、国家发展改革委、海关总署等部门合作，共同推动我国多式联运的建设。具体工作中的部门分工，依照交通运输部发布的工作通知进行责任分配。

交通运输部在《进一步鼓励多式联运工作的通知》中指出，目前我国多式联运的发展水平还比较低，各个区段之间的协同运行不够畅通，运输技术有待进一步提升，市场环境与相关法律法规仍然不能够适应运输的需求。要求加大对运输市场的监督与管理，严格规范运输领域的行政性收费行为，鼓励开展有关多式联运的研究工作，开展关于综合交通运输促进法、多式联运

---

① 一次装载 800 辆汽车, 长江最大商品滚装船在汉首航 ［EB/OL］. http：// www. hb. xinhuanet. com/newscenter/2010 – 11/06/content_21328322. htm.

法等立法工作的研究与讨论，协调不同运输区段所适用的法律法规之间的适用，建立符合我国运输需要的内陆集装箱技术标准，注意多式联运行业标准、国家标准与国际标准的衔接。建立有关国际物流、货物信息、运输通道的实时监测系统，具体由交通运输部、国家发展改革委、铁路总公司、国家统计局来负责。

第三，积极推动多式联运建设，可以为法律制定提供更多的实务资讯。依照《通知》要求，交通运输部、国家发展改革委决定将"驮背运输（公铁联运）示范工程"等十六个项目，作为国家第一批多式联运示范工程。在多式联运的建设工作中，应当发挥政府监管职能中的积极因素，依法对从事不同区段运输的企业进行资质管理，对于从事货运代理业务的经营者实施备案制度，对于企业独立开展与其主要营业范围相关的多式联运业务，以及与其他具有开展多式联运资质的企业进行合作运营的企业，不应当再新设行政审批，以此鼓励相关企业积极参与到国家多式联运建设中来。对于运输中所涉及的安全、价格、责任、保险、风控等事项，应当更加注重事中与事后的监管工作，逐渐建立对于多式联运经营者的信用考核与奖罚机制。在此基础上，对于信用资质良好的企业，应当给予优先、简化等优惠政策。加强对于不同运输区段的治理工作，对于公路运输区段，应当严格管理货运车辆的使用、装卸，设立公路货运车辆的登记制度，从而加强监管与准入方面的管理，使公路运输能够更加安全地承接其他区段的货物运输。严格限制政策性收费行为，所有收费标准应当列入收费目录并且严格遵守执行，对收费情况进行公示，重点规范营业性、服务性收费。通过完善基础设施网络，来推动物流通道的建设，加快形成我国的多式联运运输网络。完善港口以及内陆无水港、运输场站的布局与建设，研究驮背运输、双层集装箱运输技术，增加多式联运交通枢纽与其他相关产业的协同发展，积极发展物流、加工、金融等方面的相关服务建设。畅通不同运输区段之间的相互连接，尤其是铁路、公路中的运输节点与多式联运场站、货物集散地的建设，加快建设航空运输枢纽、邮政集散中心，增强各个运输全段的转接与货物集散能力。由交通运输部会同海关总署、质检总局、银保监会等相关部门，以更好地实现"门到门"运输功能为目标，推进多式联运单证、运费、保险等各种单证之间的衔接工作。

创新发展先进运输模式，尤其是集装箱多式联运的推广，开展对于箱式半挂车、水路滚装、卡车航班等运输方式的尝试与建设。所谓卡车航班，指的是利用航线密集的时间，将货物从发运地运往一个中间点的航空站，再利用该航空站停飞的时间，将货物运至目的地的一种运输方式，这是一种充分利用时间差的新运输形式。对于铁路运输区段，改革货运管理与经营模式，逐渐放开铁路货运市场的价格竞争机制，放宽企业根据自身运输实力制定运输价格的条件，从铁路市场的货运价格中反映出经营者的运输能力。培养可以从事多式联运业务的企业，引导企业建立起良好的运输服务模式，支持电子单证、网上结算的新型服务模式，提高运输效率、节约社会资源。建立多式联运公共信息平台，平台应当为多式联运提供认证、检验、税务、海关、违章、评价、政策讯息等方面的全套支持。这需要企业对其货运动向的公开，实现平台对于运输场站、运力、运输线路的综合管控。推广运输设备与运输技术的标准化，促进产业研发与实际运用，使货物可以从发货到收货一直处于一个托盘上而不换装完成全程运输，从而实现提高多式联运效率的目标。

在协同域外国际多式联运的建设上，应当与国际多式联运的发展相衔接。在中欧班列的建设过程中，应当协调好我国各沿线省份、不同部门之间的合作关系，充分利用中欧班列的沿线资源，积极推进沿路交通枢纽的建设，完善与班列相关的辅助性功能。不论是直达班列还是经停班列，都能够获得最大的运行效率，保证中欧班列的常年稳定货运。积极促进跨境的陆海联运、陆空联运发展，更好地支撑国家"一带一路"倡议，积极完善鼓励企业从事跨境的国际多式联运，激发市场活力。在关卡管理上，应当通过单一窗口、无纸化作业，对国际贸易进行口岸管理，增加信息的流动、监管与执法，对于信用优良的多式联运企业，可以施行免予海关封志的政策，简化货物在海关的停留、查验时间，提高多式联运的货运效率，尽快建立起国家多式联运海关监管中心。以制定、修缮国际协定的方式，增强我国多式联运建设与国际规则的对接，促进实务中，我国在单证规则、技术标准、运输资质、海关等方面与其他国家的相互交流，逐步形成较为统一的国际多式联运准则。积极鼓励从事国际多式联运的企业向境外拓展服务范围，支持境外多式联运场站、中心的建设，引领我国企业在发展国际多式联运的过程中更好地走出国门，打造我国的国际多式联运平台与品牌。政府相关部门应当严格按照自身的责任分工，积极开展工作，促进多式联运发展，不同运输部门之间应当通力合作。在制定行业标准的过程中，充分发挥商会、行业协会的纽带作用，及时解决我国在多式联运建设过程中所存在的问题与面临的困难、挑战。努力实现到2020年，国家多式联运货运量比2015年增长1.5倍的建设目标，充分发挥多式联运对于经济的带动能力，提高我国的货运效率、质量、安全，促进运输结构的改善、升级。

三、海商法中突出多式联运的特点

为什么相当多的国家关于多式联运的立法都被规定在了海商法中呢？海商法是一门怎样的法律呢？它能否承担起规范多式联运立法的重任？海商法萌芽于公元前900年的《罗得法》（*Lex Rhodia*），其中记载了当时罗得岛应对海事纠纷的规则与习惯。根据历史资料我们可以知道，在那时的罗得岛上，解决关于海上利益纠纷问题的组织就是通过海上贸易组织选举出来的特别法院或者海事法院，通常地说，此类机构都设置在规模很大的沿海都市。海上贸易日渐发展之后，人们开始总结海事活动中所一贯遵守的交易习惯或者责任制度，将其编纂成册，从而产生了中世纪的三大海法，即《奥列隆惯例集》《康索拉度海法》《维斯比海法》。这三部法律的形成，象征着海事法系的日渐形成，这三大法律中的许多规定都成为后来欧洲国家制定各国国内海商法的重点吸取与借鉴对象。奥列隆是依靠大西洋海岸的规模不大的岛屿，位于比斯开湾，归属于阿奎丹。其在中世纪也是著名的商品交易较为频繁的地点。《奥列隆惯例集》是由阿奎丹女公爵爱利诺（Eleanor）在12世纪下令编纂而成的一部海事判例法，起初使用加斯科尼语，以便让那个阶段的海事判决机构进行吸收内化；之后被英格兰国王理查一世使用，且进行相应的延伸修改，在英国得到大范围使用；1458年其法译本书名就是《关于海洋、船长、水手、贸易人员及经商活动的案例法》，其中涉及与奥列隆岛相关的海上利益纠纷案例以及在英格兰等多个岸上交易点之间开展酒产品以及油产品买卖的普遍习惯。当时，此案例法主要适用于大西洋沿岸地区，后对于大陆法系和英美法系的海商法均产生了很大影响。

《奥列隆惯例集》体现着中世纪欧洲的经济贸易发展特色，展现着海商海事立法与真实生活中经济贸易活动的密切关系。在欧洲西部和北部的贸易发展过程中，13世纪的主要国际贸易品是酒类，《奥列隆惯例集》也是在这一背景下产生并形成的。① 对于中世纪欧洲人来说，酒类产品非常受到青睐。在欧洲的许多国家，酒类可以成为生活富足的象征。在当时的根特，法官甚至通过请亲友聚餐是否使用酒产品来判断一个公民是否具有市民身份。当时主要的葡萄酒销售地，往往也是由于邻近海洋而闻名遐迩的主要港口城市，带动着整个地区的贸易与经济发展。逐渐地，在与其他港口城市进行贸易的过程中，以葡萄酒换取其他产品的模式，开启了一种补给形式的贸易圈。葡萄酒的出口国，会在出口葡萄酒的同时，进口大量的粮食作物。在当时的欧洲，酒产品的贸易带动了整个海上运输业的发展，这一经济发展形式体现在了《奥列隆惯例集》里。在中世纪，此项法规条文全面展现出在西欧以及北欧这两个较为集中的区域的酒类交易运送要求和准则，且开始变成欧洲地区经常使用的法律之一。

《康索拉度海法》的主要立法意图在于，专供海事裁判员处理海事纠纷。其汇集了地中海四周多个船舶停靠口岸都市解决海上利益纠纷的习惯，被称

---

① ［比］亨利·皮朗. 中世纪欧洲经济社会史 [M]. 乐文，译. 上海：上海人民出版社，2001.

作《海事法汇编》。它的通行本最早于1494年在西班牙巴塞罗那首次印刷，该文本已知的唯一复本收藏在巴黎国际图书馆内。那个时期，它被当作完善程度达至巅峰状态且具备现实意义的海事习惯法，使用在地中海四周区域，之后出现了众多译本，流传范围非常广。在该法的1494年版本中，记录了11到17世纪地中海地区的海上贸易法和一些皇家或者议院颁布的法律。大体上说，包含了三部分。第一部分是阿拉贡国王们宣布实施的，在海洋领事法院的执行流程律典中占引导地位的部分法律。第二部分包含了一些古代海洋习惯的汇编和对巡航军舰的法令。第三部分是1340—1488年颁布的11件海商法令。不难看出，该法对海商习惯、公法、私法等领域均有所涉及。在该法的序言中写道，这部法律很好地规定了有关海上事务的一些习惯与立法精神，这是航海前辈们留给我们后辈的宝贵财富。在具体内容上，它规定了航海中对于商人、船员、旅客以及其他人的权利义务责任。

《维斯比海法》的制定告知后人，海商海事法典应当记录当代海运面临的主要难题，以及当代人解决海上风险的勇气与智慧。14世纪末，波罗的海的哥特兰岛的港口城市维斯比，公布了一部堪称"最崇高而古老"的海事法典，它见证了哥特兰岛的兴衰起伏，记载着阿姆斯特丹、吕贝克地区的海事习惯。此时，该法重点适用于波罗的海以及北海四周区域。此法律最早的印刷本于1505年在哥本哈根首次发行，因而被称为"1505年印刷本"或"初版本"。目前，《维斯比海法》的最早版本仅仅剩下3本，其中2本分别保存在哥本哈根与斯德哥尔摩的皇家图书馆中。从其表述层面上分析，此法重点包含船长与水手的责任以及义务，涵盖报酬、食物以及详细的日常环境条件、运物维护以及遭遇风险时的物品投弃问题和海上货运工具发生撞击时产生的危害合法权利部分条例。这部法律很好地体现了当时北欧国家的航海技术与贸易习惯，展现了当时人们的航海冒险精神与船方的航海能力。他们熟悉气候与水流，知道抢风转舵的技巧，彰显了航海的胆识与魄力。格劳休斯在《海洋自由论》中全面赞扬了其在莱茵河以北波罗的海岸周边的现实价值。在真正情况下，此法律现实意义的覆盖范围逐渐超出北欧地区，甚至影响到了地中海地区与俄罗斯地区的海上贸易，受到各国的尊重与追随。①

西方关于海洋方面的法律体系，大致上并未被非沿海国家制度体系的交流输入所干扰，最终展现出本身独有的框架结构。和岸上制度使用范畴不同的是，主要用来规范海上商品交易行为。这些海事习惯法在一定地区之间通行，日渐形成国际性海事习惯法。通过海商法的产生过程，可以清晰地发现，海商法的起源与制定都源自经久形成的海上运输习惯，所以，海商法的制定与

---

① 贾林青. 21世纪法学系列教材之海商法［M］. 北京：中国人民大学出版社，2019.

修缮，必须与海运实践紧密结合，并且积极吸收海运实践中业已形成的交易习惯与归责方式，以实践中的需求来带动立法工作的进行。多式联运合同作为我国《海商法》中的一个特别规定，需要基于实际的运输需要而制定。

从海商法丰富的历史发展背景中，我们可以知道这是一个蕴含了丰富的人类航运智慧经验的法律部门。在当今的全球贸易中，大量的跨国运输需要依靠海运来完成。而多式联运作为现代新兴的运输方式，很多国家还没有将其专门列为一个法律部门，因而将其规定在历史悠久的海商法中，成为很多国家的现实选择。然而，海商法也因为其独特的形成原因而具备很强的个体色彩。将多式联运经营人的责任制度完全等同于海商法中的承运人的责任制度也是不可行的。所以，需要海商法对多式联运合同作出特殊规定，尤其是对于多式联运经营人的责任制度，尽管规定在海商法中，却也应当单独作出规范，与一般承运人的责任区别开来。

海商法是一部来自海洋的法律，地球上有海之处世界相连，海运的发展将各个大陆连接在一起。所以，在海商法的订立上，不仅要考虑本国的经济状况与基本国情，还要考虑大洋彼岸的实际状况，考虑全球航运的大背景与发展趋向，这使得海商法既具有国内法的性质，也具有非常明显的国际性特点。海商法所规范的就是航运物流和航运工具关系，此处非常关键的就是海上运输中船舶上全部人和其余相关参与人存在的民商利益关系。站在海上物流关系层面进行分析，可被细致划分成国内和国际运输两个类型，按距离可划分为近距离和长距离两个层次，对于国内《海商法》来说，其中清楚要求，本制度中表示的海上货运合约，并未涵盖前者，也就是国内海上物流。这就决定了所谓海运，就会涉及两个或者更多国家之间的法律关系。因而考虑到海商法的这些特点，制定或者修改海商法时，应当充分注意一般意义上通行的国际海运规则，并且对于其他国家，尤其是世界海运大国的海商法立法情况。既然海商法是来自海洋的法律，那么海洋的自然属性也会影响海运的发展，从而牵动着海商法的规则制定。海水的涨退、台风、暴雨等自然现象无法控制，加上船舶的安全性没有陆上交通工具高，所以，从事航海事业常常被认为是一种海上冒险。只要有这些自然灾难的发生，就很容易影响航运的安全，所以，海商法中关于托运人对货物状况的告知义务、承运人的适航、管货责任、共同海损规则、当事人在什么状况下可得到货损免责权、收货人义务的要求就变得格外关键。就船舶的角度来说，船舶属于造价较昂贵的运输工具，所以船舶运营的风险也是海运中的焦点问题，一般来说，对于船舶风险的控制要求要比对于陆运风险的控制要求更高。起初，船舶冒险抵押，就是预防船、货在海运中发生灭失或者毁损而存在的一种投资、担保方式。在我国《海商法》规则中，多式联运包含海上运输区段，也包含其他运输区段，因而，在制定多式联运相关规则时，既要考虑到海商法中的立法体例或者立法规则，也需要具有自己独立的责任体系。

在海商法的认识上，存在着一种名为"海商法的自体性"的理论。也就是说，海商法是一套历经遥远的历史，世代流传下来、人人皆知、全球通行的海运领域习惯规则。自体法曾经被认为是高于一国主权的法律，世界通行、法院直接适用。但是，而今各个主权国家并不愿意如此认识海商法，而更愿意将其作为本国国内法来对待。虽然，在法律的适用方式上，海商法的自体性没有被接纳，但是，却并不能否认海商法在形成过程中自身特点上具有自体性。在 16 世纪的英国，就已经有专门、独立的海事法庭审理海事海商案件。海法的概念，打破了公法、私法，实体法、程序法之间的区分，从而使得对海商法的理解程度进一步加深。也有专家指出，"海法"一般必须涵盖海商法、海上刑法以及行政法、海洋环境和资源保护法等众多部分。① 把海商法纳入海法的研究范围，其意义在于加强海商法与其他平行法律之间的联系，以达到涉海法律研究的价值最大化，有利于促进我国航运事业、海洋生态保护事业的发展。但是，就目前海商法的修改来说，由于海法的理论基础、立法体系仍然处于研究初期，不够成熟，因而难以对现行海商法的修订起到指导性作用。然而，海商法本身具备的自体性特点，便于提升对自身自主性和独立性的关注度。举例来说，海商法中的赔偿责任限制原则，就充分体现了其自体性特征。这方面的规则制定，并不需要很大程度上对于一般法的借鉴，而应该尊重海商法的自身特点与规则方式。但是，这也并不意味着海商法与民商法是相互割裂的，因为完全体现海商法自治、自体特性的制度与条款，毕竟只占海商法的一部分。在完善海商法内容时，应当以民商法为基础，充分吸收相关法律中的理念、价值、原则、规律。应当注意法律的协调性，避免海商法的制定陷入孤立思维。另外，在维护海商法的自体性上，应当尊重海商法的自身特点，同时也要符合市场与行业的发展需要。

关于多式联运合同的特别规定，虽然存在于《海商法》这部国内法中，但是由于多式联运往往涉及国际运输与国际贸易，所以不能与国际立法相割裂。需要依照充足的国际公约、惯例和之前的国际运输合约或单证，以便扩充其自身内涵。

法国学者帕尔德修在其《18 世纪海法集》一书中提到了海商法的特性，其中两个较为鲜明的特点是：普遍性与习惯起源性。意思是说，海商法不是哪一个国家所独有的法律，而是在各个国家的国内法中都普遍存在并适用的；在法律的起源上，海商法是在航海活动中，伴随航海习俗的逐渐产生而开始

---

① 司玉琢，汤喆峰. 论中国海法体系及其建构 [J]. 中国海商法研究，2013 (24).

修订的。也就是说，海商法中的规定应当是具有国际性的。在法律适用问题上，作为国内法规定，需要有冲突规范来指引。我国《海商法》中关于多式联运合同的内容，是否具有解决涉外纠纷的强制适用性，也是一个值得讨论的问题。目前，有关进出口贸易的国内立法，各国会根据本国国情与需要，规定是进出口贸易都强制适用，还是仅进口或者出口贸易适用国内法规定。笔者认为，至少在进口贸易中的多式联运问题，可以考虑《海商法》中多式联运条款的强制适用性。

我国现行《海商法》的筹备与撰写活动开始于 20 世纪中期。当时，交通部带头创建海商法撰写组织，自主引导航运、保险、政府、学校、海外学者等各领域人员，全面开展法律的撰写工作。主要以苏联 1929 年《海商法》为参考蓝本，历经 9 次修改，上报中央。历经修缮，我国《海商法》于 1992 年得以通过，次年 7 月 1 日开始施行。我国《海商法》在制定之初，积极吸纳了国际公约或者国际惯例中与海商法息息相关的规则。以当时的航运发展水平与立法水平来说，其在内容上比较具有时代特点，有关于集装箱运输、国际多式联运、特别提款权为计算单位等规定。虽然，如今来说，其中的这些规则已经不够细致、明确，需要进一步修缮、完整，但对于 20 世纪 90 年代的立法环境来说，我国已经在充分关注着国际航运环境的变革。在海运规章体制的修订部分，国内并未直接参加海上运输公约，而是对此处符合国内现实情况的规则内容进行借鉴，让其变成我国法律内容，产生了具备国内本身特征的国际海上运输体制。现在，随着国际贸易的发展，以及运输形式的创新与变革，《海商法》中关于多式联运的五条规定已经显得不够充分。尤其是在《1991 年单证规则》得以广泛适用，国际多式联运立法体例逐渐形成的今天，对于完善《海商法》中关于多式联运合同的特殊规定，提出了新的要求与方向。

我国《海商法》在整个国内法体系中处于什么样的地位？20 世纪 80 年代，我国关于海商法性质的主要观点有：第一，海商法是商法的组成部分。第二，海商法是在民法基础上制定的国内法。第三，海商法是海法的一个部门。我国现行《海商法》具有较好的稳定性，源于该法较充分地体现了海商、海事法律的基本理念。因而，在制度层面上，我国《海商法》至今没有完全过时。海商法的基本原则代表了海商法的理念，然而由于海商法中制度规则范围广泛，性质差别较大，综合程度较高，海商法从各个单行的商法中汲取共同的商业行为准则，与其他商法之间密不可分。海商法也就是民商法的特别法，关键凭证就是，前者和后者相同，都是调节对等主体间的人身、财产关系。后者包含《合同法》《侵权责任法》等，但是对前者来说，具备一般法的作用，海商法的调节范畴只限制在国内、国际航运范畴内的人身、财产关系，因此前者只能被当作后者的特别法。海商法一方面具有商法的特点，另一方面又不能简单依据民法的理念来理解。海商法是民商法的特别法，这是我国目前的主流观点。

倡导海商法和民法相划分的理论指出，需要使海商法从民法之子法的位置中脱离出来。让上述两部分民法得到平等的地位，海商法对于民法的观点以及理论，可吸收却无法全面照搬。因为，海商法与民法所调整的法律对象不同，历史渊源不同，法律规范的体例不同，解决纠纷的机制不同。假如把海商法当作民法的特别法，就会降低其现实效益与适用范围。① 大连海事大学的司玉琢教授主张，海商法应当是一个独立的法律部门，而不是简单地隶属于民商法，这对于构建海法体系，尊重海商法的特殊性具有重要意义。在国际环境中，尤其是在航运发展水平高的国家和区域，海商法就是单独的法律，且已历经数百年的发展。如今，中国的海运事业蒸蒸日上，海运立法也在日趋完善中，我国海商法作为一个独立的法律部门的条件也在逐渐成熟。所以，通过对海商法特点和位置的判定，把其当作单独的法律部门，比单纯把其当作某个部门法的子法，更符合现实情况。②

分析海商法性质与地位的意义在于，立法过程中对于海商法的制定应当秉承怎样的态度。诚如上文分析，应当关注的海商法的特点主要体现在：一是海商法是民商法的特别法，具有商法与民法的特点却不能照搬。二是尊重海商法的自体性。从历史的观点来看，海商法的产生与发展并不依赖于民法。但是，并不能因此认为现代海商法是与民法相互疏离的。海商法在发展的过程中，也汲取着民法理论。比如，效率安全、诚实信用、公平交易、过错责任等民法理念，都可以适用于海商法。因而，在制定海商法的过程中，应当遵守的是海商法的特殊性，而不是海商法的全然独立。厦门大学法学院副院长何丽新教授认为，回归民商法是海商法修订的基础，并基于民商法与海商法的条文对比发现：区别于民商法理论的海商法自身制度，占海商法总条款的20.8%；与民商法不同，但是借鉴了民商法的基础理论的条款，占据海商法总条款的6.4%。③ 作为商法的一部分，海商法在修订方面应当注意：第一，商法理念对于海商法修订的指导价值；第二，在具体制度上，商法内容的补充价值。商法的主要特点就是，公法、私法的融合，实体、程序之间的融合；维护商事行为的营利性，商法的技术性、可执行性，国际化潮流，扩张和发展性。商法的主要要求就是商事行为主体法定、加快交易自主方便、

---

① 王世涛，汤喆峰．论海商法之于民法的独立性［J］．中国海商法研究，2012(3)．

② 司玉琢．海商法［M］．北京：法律出版社，2003．

③ 何丽新．论新民商立法视野下《中华人民共和国海商法》的修订［J］．中国海商法年刊，2011（22）．

确保交易公正和稳定。

海商法同时具备稳定性与时代性的双重属性。法律的稳定性与时代性，关乎法律的留与变。法律的稳定性，是法律的一项重要特征，这是法律可以发挥社会规范作用的基础与前提。缺少平稳的法律体系，就缺少平稳的现实活动体系，法律权威性需要相对平稳的基础。同时，社会环境的变化与发展又是永恒的，这就要求法律也需要适时变更，通过不断吸收时代新气息，来实现法律对于社会经济生活的适应。而修订法律就是实现法律时代性的重要方式，这个过程需要时间、人力、物力、财力。因而在修法的过程中，务必需要谨慎、务实的态度。修订法律的过程中，也要注重与之相随的生命代价、环境代价、经济代价。①

海商法修订的时机、必要性、可行性之间的协调十分重要。并不是说法律修订之后，就必将落后。法律需要对相对具有稳定性的社会关系进行明确以及调整，对于暂时性的并不能全部明确的实际关系并不会直接使用法律。所以，法律在特定时期内通常都展现出平稳性。在法律的修订时机、制定条件上，其实并没有一定的标准。法律的修订，可以是大改，也可以是小改。而不论是大改或者是小改，都意味着被修订的条款应当具有比较严重的适用问题，不改不行，这样才能够够保障法律的权威性。我国《海商法》具有相对较好的稳定性，在社会主义初级阶段，能够保证实施20多年不变，足以证明我国《海商法》具有较好的稳定性、前瞻性、先进性。我国《海商法》制定之初的基本理念，直至今日没有发生根本性的变化，海商法的精神也没有过时。虽然，现在存在局部的规则空白或者缺陷，但是总体上，并不影响我国《海商法》的稳定性。法律要全面符合现实发展需要，进行相应的变动。《海商法》的修订应当以该法律实施以来海上运输关系中发生的变化为重心，对过时内容删除、更新，增加科学、合理、操作性强的新制度与新规则。

维持一部法律的稳定性，需要坚持四个根基：理念、原则、制度、规则，它们一同构成了一部法律的内容层次。我国现行《海商法》具有较好的稳定性，源于该法较充分地体现了海商、海事法律的基本理念。因而，在制度层面上，我国《海商法》至今没有完全过时。海商法的基本原则代表了海商法的理念，然而由于海商法中制度规则范围广泛，性质差别较大，综合程度较高，所以国内《海商法》到现在依旧没有提出清楚的海商海事详细要求，而开始展现详细的归责、责任限制等内容。根据上述分析，从我国《海商法》二十多年的适用情况来看，其现有理念、核心制度都是足以维持的，但是在

---

① 刘长秋. 浅谈法律的变动性权威瑕疵及其矫正——兼论法律稳定性与适应性的协调 [J]. 同济大学学报（社会科学版），2004（6）.

具体规则上需要进行技术性修订，从而提高我国《海商法》对于现代航运、国际贸易、社会经济的适应程度，提高其生命力与稳定性。

法律修订的流程，是对目前法律内容健全和变动的过程，通过上述行为，让法律进一步接近立法主体想要得到的局面。① 我国《海商法》修订的必要性在于，该法实施二十多年以来发生了诸多变化，需要通过法律修订，对于该法实施过程中所显现的不足与空缺加以完善。具体来说，现行《海商法》中已经显现出与航运实务、航运经济、国家政策和发展战略的变化不相符合的问题。滞后性，是法理学中认可的法律局限性之一，其主要体现就是法律所规定的条款与内容同生产生活相脱节的状态。在航运活动中，《海商法》执行之后，船舶种类和运送方式出现相应的变动。不再是简单的货船与客船之分，而是更加专业化，如集装箱船、干散货船、游轮、液体化工品船等，不同类型的船舶各具特色。此外，之前简单的海上货物运输方式，也随着集装箱的出现和发展，开始向多式合作的方向转变。随着内河航道运输条件的改善，海船进江、进河的现象逐渐普遍化。内河运输也在逐渐呈现大型化的特点，这使得海运与江河内水运输的界限日趋淡化。尤其是长江流域的运载能力，因三峡大坝的建成使用与下游航道的疏通，而得以迅速发展，海船入江已经呈现常态化趋势。随着航运业经济运作模式的不断发展与多样化，船舶租赁、船舶管理、无船租赁等市场运营模式纷纷发展起来。随着"互联网＋"战略的提出，货运单证也正在从传统的纸质形式向电子单证方式转变。海商法孕育产生于航运活动，具有鲜明的实践性特色。那么航运实践的变化与发展，自然要求海商法也要作出适应性的变化，才能够发挥其对于航运实务的指导与规范作用。早期的海商法规则，是基于较传统、单一的船舶运输、运营方式而制定的，随着航运市场的变化，海商法中的某些传统理念与规则也需要适时变化更新。我国《海商法》需要进行制度规则上的创新与变化，以更好地发挥其在航运经济中规范航运秩序、保证经济效益的作用。此外，在国内《海商法》执行的长久时间内，大部分国际海运要求已出现相应的变动，为达到国际立法的现实需求，国内《海商法》也应进行相应的调节和修改。我国《海商法》实施以前，国际海上货物运输主要适用《海牙—维斯比规则》《汉堡规则》等相关规则；我国《海商法》实施之后，国际上正式通过《鹿特丹规则》（尚未生效）。在我国《海商法》修订的过程中，应当科学研究与预测国际海事立法的新规则、新趋势，使修订后的法律更具先进性与合理的超前性。

国家意志是法律的本质特点，国家自主性是国家意志的集中体现。一个

---

① 周旺生．立法学［M］．北京：法律出版社，2009.

主权国家的国内法，应当符合社会的普遍需求与价值共识，维护国家公共利益。海商法的国家自主性指出其体制设置需要达到修订国的航运经济利益需求。当代海商法之所以越来越重视国家自主性的体现，就是因为各国经济贸易的日益发展与各国航运经济发展各具特色。海商法除了具有较强的国家自主性，也具有国际性，因而在制定与修订的过程中，应当充分考虑国际立法的统一性。此处国际立法的统一性，表示法律国际化趋同性，不同国家涉外法因为自身发展时期共性内容和其他国家的互相干扰而展现出趋同化。当代海商法具备统一性的根源就是外界航运行为的沟通更加紧密，所以要求国际立法确保法律适用的清晰性，表现在海商法中，各个国家的具体标准，尤其是涉外规则上需要尽量接近。此统一性发展潮流，是目前法律的关键特征，在各个国家对于国际海事公约、国际航运要求或习惯的适用中得到全面展现。

海商法的国家自主性和国际统一性，是对立统一的关系。各国航运经济利益之间存在差异，这使得各国海商法中的规则之间存在冲突；但是，由于航运发展的国际性，海商法的国际统一，将有利于全球经济的发展与各国航运的长远利益，探求各国航运利益的共性，也有利于促进各国海商法制度的统一。我国台湾学者张东亮认为，从体例上来说，海商法是具有国际性的国内法，同时，也是具有国家自主性的国际规范。出于其国内法的属性，应当以国家利益为重，出于海商活动先天具有国际性的特点，海商法的制定也应当充分尊重国际海商规则。[①] 海商法的修订，应当结合其国家自主性与国际统一性，对我国航运经济与贸易发展现状充分考虑，制定符合国情的制度规则。同时，在经济全球化、航运活动国际化的背景下，充分重视海商法的国际统一，以不损害国家自主性为前提，充分重视与国际海商海事规则相接轨，尤其对于符合国际海运发展趋势、符合我国国情的国际公约、惯例、格式合同、立法经验应积极吸收与借鉴。使我国《海商法》内容保持先进、与国际接轨，体现中国特色、行业特色。

从航运经济层面分析，我国正逐渐变成全球航运大国、港口贸易大国。从联合国贸易和发展会议发布的《2016 年海运评论》来看，2016 年上半年，我国所拥有的船舶数量占全球船舶总数的 8.87%，仅次于希腊、日本，位居世界第三。香港特别行政区拥有的船舶数量占世界船舶总数的 4.88%，位居世界第六。依据海关总署 2016 年相关资料，国内货物进出口总数超出 24 万亿元人民币，目前是全球首位的货物进出口国家。[②] 国内进出口货物 90% 都是采用海上运输模式进行，港口吞吐量接连十五年位居全球首位。我国《海

---

① 张东亮. 海商法新论 [M]. 台北：五南图书出版公司，1986.

② 海关总署介绍 2016 年全年进出口情况 [EB/OL]. http://www.gov.cn/xinwen/2017-01/13/content_5159449.htm#1.

商法》实施以来，对于我国航运界的生产力带动作用有目共睹。在航运经济不断发展更新的今天，《海商法》的修订有利于航运制度更加满足国家整体经济利益的新需求，重新审视与平衡航运活动中各方当事人之间的利益，更好地体现《海商法》在当今时代航运发展中的公平价值。当今时代海商法的使命，已经不再是早期简单地保护航海活动那么简单，而是需要维护各方参与人的合法权益，促进海上运输与经济贸易的健康发展。

目前，我国航运战略构想、国家基本航运政策日渐成熟。我国《海商法》的修订，需要反映现阶段我国航运政策的新要求，符合国家战略方针的宏观要求。"一带一路"倡议的提出、《关于促进海运业健康发展的若干意见》等相关政策的制定和实施，都展现出我国对于海商法立法的全新现实需要。尤其是"一带一路"倡议的提出，使得我国《海商法》的修订，不仅符合与满足本国海商领域的发展需要，也会对"一带一路"沿线国家的海商立法起到一定的示范或者启发作用。对于"一带一路"沿线国家海商立法的引导功能，便于加快上述战略体系的执行，也便于国家软实力的扩散，发挥国内海商立法在全球的现实作用和优势地位。

在健全法律条文时，立法指导思想需要融入立法的整个时期。要以依法治国理念为大前提；以建设海运强国、贸易强国、实现"一带一路"倡议等为目标；充分体现海商法的自身特点，以便确保当事人权益、维护航运发展秩序，以规范、引领、确保航运长久稳定发展为综合目标；秉持科学立法、民主立法，健全海商法体制和规章制度，让修订之后的法律全面符合当前社会的航运发展需要，重视国家综合经济效益，实现国内《海商法》的现代化。

海洋大国、海运大国需要大海事法体系，因而我国《海商法》的修订，也应当注意与相关法律的呼应性、体系性。从理论层面上分析，海事法的定义通常可被划分成宏观、中观、微观三部分。首先，从宏观角度来说，海事法应当指的是涉及海洋实务的法律，主要调整范围在于海洋开发与利用、海洋环境资源保护、海洋运输等。所调节的法律主体不只包含对等主体之间的民事关系，也包含国家管理部分的行政性关系。从中观角度来说，海事法应当以《海商法》为基本内容，以其他相关的配套性法规为支撑，从而形成法律规范总和。其主要调整对象应当是在海运过程中与船舶使用相关的各类法律关系。从微观层面分析，其表示《海商法》中，调节海上侵权关系、海难事故中出现的法律关系的具体制度和要求。

在英美法系中，即便缺少完善的海事法典、海商法典，然而和海洋相关的单行法、判例法，却组成相对完善的海事法体系。在大陆法系中，即便具备单独的海商海事法典，然而法典中所明确的体制只是海事法体系中的构成方面。韩国的海商法内容规定在其海商法典的框架内，但是却构建出了超出海商法典框架的更庞大的海事法体系，韩国学界以整个海洋为研究基础，把海事法定义为一个大概念，在专业课程的设置上，海事法包括了除军事之外的，与海洋相关的各个门类。因而，韩国法学界并不否认大海事法体系，也并不认为海事法是一门小学科。韩国海洋资源充足，具备充足的大陆海岸线，具有发展海洋贸易的基础。目前海域中具备充足的多种资源，是其民众生活和发展所依靠的珍贵资源。我国也是航运大国，海运船队的运载水平目前已超过亿吨，远洋船舶的保有量位居全球前列，港口货物、集装箱吞吐量都居全球首位，2017 年上半年我国造船 2654 万载重吨，1~5 月船舶出口金额达 111 亿美元。① 基于国情考虑，以及国家海洋经济的长远发展，在我国《海事法》的修订上，大海事法体系的意识十分重要。

目前，就我国《海商法》的立法情况来说，海事法体系基本上限定在《海商法》的结构框架内，法律调整对象主要包含海上船舶运输关系、船舶关系，但是海洋开发利用、海洋环境与资源保护等基本不在海事法体系的范围内。在司法领域，我国虽然确立了海事审判体系，但是由于海事诉讼制度是以《海事法》为基础而构建起来的，这样各级海事法院的业务划分就只有海商、海事两个部分，并且这两部分的审判业务仅限于海商民商事纠纷案件。在学术部分，因为始终将法律调节对象当作划分部门法的凭证，所以并未产生海事法的分析系统。将与海洋相关的各种规则制度分别规定在不同的部门法中，容易忽略海事法体系的特殊性与内在关联性，这样在客观上就容易造成海事法研究边缘化的问题。在民商法领域、国际经济法领域，海事法常常被主流法学学科的研究所忽略。② 基于这种情况，我国《海事法》的修订，应当作出整体立法思考。避免将与海洋相关的法律规范完全封闭在独立的体系或者法律部门中，应当注重法律制定对于整个涉海法律体系的功能发挥。不同法律部门的有序衔接，也有利于海事法体系中法律规则的完善。海事法内容、体系的完善，有利于体现海事审判的专业性，充分利用人才资源。目前，世界各海洋国家都在积极地了解海洋、保护海洋、开发利用海洋资源，国际社会对于海洋问题的关注，应当唤醒我们对于海事法体系的重视。根据适应目前社会的发展需求，我们需要对海洋进行相应的规划使用、统一司法立法制度、全面延伸分析范畴。其中，统一立法需要我们冲破传统立法理念的思维惯性，以构建海事法体系为指引，完善我国涉海法律内容。

依照我国《立法法》相关规定，创建法律需要从实际着手，符合实际经济发展以及持续深化变革需要，严肃认真地确定公民、法人、其余机构的权

---

① 2017 年上半年造船完工 2654 万载重吨 同比增长 57.4%[EB/OL]. http://info. pf. hc360. com/2017/08/141719581057. shtml.

② 傅廷中. 海洋大国和海运大国需要大海事法体系 [N]. 中国社会科学报，2010－06－08(2).

利和义务，国家机构的权责需要被清楚地确定。我国《海商法》的制定，需要遵照高效合理的要求。对国际海商海事公约、惯例、格式合同、外国立法经验进行学习、参照，在分析考量的基础上，制定符合我国国情的海商法规则。在权衡各方当事人利益时，以国家经济利益大局为重，充分考虑公平、效率、环保、安全等价值追求，寻求利益平衡。海商法的制度与规则，依赖于航运实务与海事司法活动中的经验与总结。我国首批海事法院，成立至今已有三十多年的历史，目前我国法院每年审理的海事海商类案件，大约占据全球同类案件的半数之多。海事司法实践，是对我国《海商法》不足之处的再发现，一方面体现着《海商法》修订的必要性，另一方面为《海商法》的修订提供了重要思路。法律的修订，应当基于该法在实施过程中遇到的问题，注重从司法实践中汲取经验与思路。应把最高人民法院有关司法解释中完善适用的要求提炼成法律制度。

　　我国《海商法》的修订意义在于，实现该法本身的现代化，赋予其新的时代精神，制定面向未来的更具先进性、前瞻性、适用性的海商海事法律制度，为国家建设海运强国、贸易强国和中国梦的实现贡献力量。从符合时代要求的意义来说，我国《海商法》的修订原因，主要体现在：第一，运输方式的变革。伴随着国际多式联运的出现，综合运输供应链对于之前的运输模式有着显著的影响。《海商法》的制定，也不能只考虑单一运输方式，而忽略其与其他运输形式的衔接，尤其是关于多式联运的规定，也应当进一步补充完善。多式联运的发展日渐明显，已经成为修订《海商法》的一个重要原因。第二，电子商务的促进力。当今世界，电子商务、"互联网＋"已然成为推动现代航运、国际贸易、商务交往的新动力。随着运输效率、服务质量的提高，《海商法》的内容也应当更加反映与适应当今高速发展的现代信息技术的发展需要。第三，现代航运利益的平衡。船货双方的利益平衡，始终是制定《海商法》的重要考量因素。随着现代航运的新发展，以及运输分工的细化，航运利益在船货双方利益博弈的基础上，也加入了新的利益方——保险经营人、船舶代理人、货运代理人等，国家应当从社会整体经济效益的角度，制定设计《海商法》规则。第四，国际社会全新发展变化。国际社会始终追求航运体制的统一，从《海牙规则》仅规定单一海上运输，到《鹿特丹规则》的"海运＋其他"立法模式，对于追求运输规则改善和统一的步伐从未停息。上述原因对于修订《海商法》的作用非常明显。

　　把握时代脉搏、展望未来趋势，是立法者义不容辞的责任。各个国家或者民族，在多个发展阶段都会展现出不一样的发展状况，因此，国家主要任务、时代主旨也出现了相应的差异。国家主要任务以及时代主旨会影响法律目标以及价值倾向、具体的内容设定。时代性的内容，可能源于一个国家的内部，也可能源于国际社会的影响。《海商法》的内容，应当具有国际性，也应当考虑国家自身航运发展现状、社会经济发展程度等因素。国内《海商法》的设定主旨就是，确保当事人正当权利，加快航运事业、经济交易的深入发展。从本质上分析，海商法并非船东的法，也非货主的法，而是在多个当事人之间寻找出合理的利益均衡。较好的平衡效果，会对海上运输与经济贸易的发展起到促进作用。海商法的功能与航运经济的关系非常明显。各国海商法与本国的航运、贸易息息相关。

海商法制定与修改需要研究的一个焦点问题是，船货利益平衡。船货双方之所以存在利益的博弈，主要有两方面的原因：一方面是产业关系决定的博弈，另一方面是国家利益决定的博弈。贸易与航运彼此依存，但是在运输活动的过程中，二者之间更多的是利益的博弈。海商法对于船货双方的责任配置，构成了在产业利益中双方利益博弈的另一个方面。对于船货利益平衡，应当注意以下几点：第一，当今世界货运中的当事人关系，正在呈现更加多种多样、内容复杂化的趋势。海商法制度的完善与发展，不应当局限于船方、货方的利益角逐，而应当更多地考虑到船方、货方、银行、保险等多领域的利益主体，尤其是金融债权人的地位。[①] 第二，所谓平衡是博弈的一种结果。既然从博弈角度看，存在共赢、共输、一赢一输、零和博弈等结果，那么，就应当更加强调各个利益方的共生、共存关系。第三，从市场角度来说，平衡当事人利益应当更加依靠市场机制，国家干涉应当起辅助作用。第四，船货双方的利益共赢，已经被纳入我国的航运政策。在 2014 年我国出台的相关条例中就清楚地表明，强化海运公司与货主之间的紧密协作、优势弥补，促进长久合约的签署，合理发展以资金为桥梁的合作形式，产生船货方风险共同承担、互惠互利的平稳关系。

我国正在建设海运强国与贸易强国，若海运与贸易相互冲突，是不可能实现这一宏伟的国家建设目标的。因而，建设海运强国与贸易强国，应当不断地提升我国航运与贸易在国际市场上的综合竞争力。体现在我国《海商法》的制定中，就应当充分考虑到航运大国、贸易大国的建设目标，充分协调货方与船方的利益，让《海商法》不是单纯某一方的法律，而应该成为完善的汇总各部门利益、寻找和谐发展的法律。超越船货利益，实现利益主体的平衡发展，需要从我国的航运、贸易、相关产业的实际发展情况出发，而衡量的标准，就是在根本上有利于国家整体经济的发展。我国《海商法》在修订的时候，要全面关注海商法的国际性特征，此外，对于国际先进体制的要求，全面分析研究却不盲目，修订满足国内现实发展需求的海商海事体制，保证

---

① 郭瑜. 海商法的精神——中国的实践与理论［M］. 北京：北京大学出版社，2005.

立法目标的完成。

第三节　我国多式联运立法模式的选择

一、制定多式联运单行法规

目前，国际上尚无生效的多式联运公约，针对这一现状，我国应当如何完善国内多式联运立法呢？有观点认为，应当制定多式联运单行法，也有学者主张修缮现行相关法律。笔者认为，既然现有的《海商法》存在对于多式联运的专门规定。就应当尊重原有《海商法》的结构，充实其内容，完善我国《海商法》第四章第八节"多式联运合同的特殊规定"。国际多式联运建设与发展，并不完全依附于某一个公约的制定与实施。不同运输方式的法律制度，通过有效地衔接与协调，仍然在现实中发挥着切实可行的作用。完善和统一各种运输方式内部的法律制度仍是必要的，需要继续加强研究。在修订《海商法》的过程中，应当注意从我国的运输现状与经济贸易发展需要出发，以通行的国际运输规则为基础，吸收当今世界广为认可的国际惯例、民间规则，借鉴具有广泛适用空间的标准合同，考虑国际海事立法的整体发展趋势。修订后的我国《海商法》，应当具有中国特色，体现行业特点，内容体现当代立法需求与国际发展趋势。

制定多式联运单行法，有利于充分规范、保护多式联运事业的发展，笔者认为并不是不可为的。但是，单行法的制定，需要国内多式联运市场的成熟，目前，我国正处于从交通大国向交通强国的转型期，成熟、稳定、高效的多式联运体系尚未建设完成。制定一部可供长久适用的多式联运法律时机还不成熟。我国可以通过制定行业规则、颁布政令的形式，尝试对于多式联运市场进一步的规范与指引。另外，制定新的法律，需要该部法律所调整的社会关系之当事人之间对法律的内容充分认可且达成共识，这样才有利于法律的制定与实施。在对业已存在的《海商法》进行修订的过程中，通过调查组征询社会各方意见，尚且发现货方与承运方之间存在着诸多对于法律制定的不同诉求或者新的观念，那么制定一部全新的多式联运法时机尚不成熟，需要更进一步的市场调研与充分了解。制定新的多式联运法，应当是在原有法律的坚实基础上，因而笔者认为，现阶段完善《海商法》，甚至《合同法》中有关多式联运的相关规定更为实际可行。

二、完善我国《海商法》第四章第八节现有规定

现在，国内对公路、铁路、水路、航空等单个运输方式，都设置了对应

的法律条文进行限制。然而，却并未把上述运输方式统一，也并未对多式联运运输形式制定单独法律。虽然在我国《海商法》与《合同法》中都对于多式联运问题有所涉及，但只作出了各五个条款的原则性规定，这显然不能满足我国多式联运的建设需要，更滞后于"一带一路"倡议的发展建设，基于此种情况，我国应当推进关于多式联运的法律体系构建工作。多式联运法律体系，需要法律、法规、政策等全方位的支持。《海商法》是具有一定国际性质的国内法，这就需要这部法律在立足于本国国情的同时，也要考虑到国际环境的变化。20世纪以来，国际社会一直关注对于海上运输、多式联运公约、规则的制定工作，以维护安全、有序的国际贸易市场，推动各国的经济合作与货物流通。我国《海商法》制定于1992年，二十多年过去了，国际贸易市场以及货物运输形式已经发生了诸多变化。之前，我国并没有参加海运国际公约，而是以吸收便于国内海运发展的创建形式修订我国海运有关条例。而如今，面对海上货运中所出现的新形式、新情况，很多问题已然不是现在的《海商法》所能解决的，因此开始出现了修订《海商法》的呼声，尤其是增加有关多式联运方面的相关立法。有学者主张，我国应当坚持以往不加入国际公约的做法，而是吸收其中有益于我国经济发展、运输建设的规则，制定自己的国内法。也有学者认为，鉴于《鹿特丹规则》的出现，我国应当积极加入，依照《鹿特丹规则》中的精神修订我国《海商法》。笔者认为，需要在我国《海商法》的最初框架下，吸纳国际立法的领先经验和完善要求，完善我国《海商法》第四章第八节第一百零二条至第一百零八条关于多式联运合同的特别规定。

第一，在多式联运合同的界定上，延伸关于涉海区域的界定。现行《海商法》第一百零二条规定，两种以上运输方式中，必须有一种是海上运输。那么，海上运输区段的范围是如何界定的呢？在我国的立法模式中，对海运与水运作出了分别规定，称为双轨制立法模式，海上运输合约不涵盖国内沿海和内河运输部分。然而，我国拥有3.2万公里的海岸线，有长江流域、珠江流域这样庞大的内陆水运网，江海联运较为发达，也是未来发展我国内陆水运经济的重要方式。《2016年交通运输行业发展统计公报》显示①，2016年全国拥有水上运输船舶共计16.01万艘，净载重量26622.71万吨，集装箱箱位达到191.04万标准箱。内河运输总货运数目是35.72亿吨，货物周转数目14091.68亿吨/公里。在诸多内河运输体系中，长江、珠江水系的航道与深度是允许海船航行的，尤其是长江上海、苏州段，可以供5万吨级海船航行。

---

① 2016年交通运输行业发展统计公报 ［EB/OL］. http：//www. chinahighway. com/news/2017/1101039. php.

我国拥有天然庞大的水路运输市场，但是《海商法》却并不适用于内河运输，这导致内河运输基本处于无法可依的尴尬境地。即便《合同法》可适用在沿海货运合约上，然而其中责任制度的规定无法满足沿海货运的独特需要。尽管针对内河运输，交通运输部制定了《2000 年国内水路货物运输规则》，但是其法律效力不足以成为法院审理有关案件的定案依据。把法律适用范畴延伸到"和海相接的内陆水域"，其重点就是对"海"字的理解。对于"海"的划分，需要延伸诠释成"海及其相关联的可航行水域"，因此就涵盖和海相关联的内河航道。这种立法方式在《1972 年国际海上碰撞规则》中有所体现。上述规则表示的"国际海上"，在其中被确定成公海和与之联系的可供海船航行的所有水域。

因此，上述条款可修改为："本条款所指的海上运输，是海上、和海相关联的内陆可航水域的物品以及顾客运输，以及海上和其相关联的内陆可航水域之间的多种运输。"有关水路的详细要求，依照《国内水路货物运输规则》（以下简称《水运规则》），去除适用《海商法》中对于赔偿责任限额的要求。依照《水运规则》中的具体要求，承运人对于运输合同承担时期出现的货物灭失、亏损、推迟交付担负相应责任，其对十项免责事由担负证明职责。对于海上货物运输合同同与海相通的内水货物运输合同的必要性区别规定，应当做到使双轨制最小化。

第二，增加"履约方""海运履约方"的概念，明确责任划分。例如，从承运人处接受委托，开展货物装卸等活动的港口经营人是否属于实际承运人。依照目前《海商法》相关要求，实际承运人表示得到委托，开展货物或部分运输的人，涵盖接受转委托而开展运输的人。因此，并未开展现实路途运输，然而对于货物实施装卸、照管等其余活动的人，特别是港口经营人也会被排除在实际承运人范畴外。所以最好借鉴《鹿特丹规则》，把此定义划分成履约方、海运履约方两部分。因此，承运人表示和托运人签署海上货物运输合约的人。履约方表示，去除承运人以外，直接或者间接在其指引、监管、控制下，承担或者提出要担负其在海上货物运输合同中相关货物接收、装卸、运送、照管、积载、交付责任的人，然而不包含托运方或收货方的所有人。海运履约方表示，从装货地点到卸货地点，担负或者提出担负承运人全部责任的履约方，内陆承运人只有在其承担或者提出承担内容都位于港区范畴内时才会成为履约方。

第三，《海商法》第一百零三条关于责任期间的规定，只是从货物接收到交付。根据目前国际公约与商业惯例中的立法模式，应当对"接收"与"交付"再做界定，"接收"方式主要有：（1）从货方或者其受雇人、代理人处，收取货物。（2）依据发货地适用的国际公约、国内法，多式联运经营人应当从当局或者第三方处接收货物。(3) 允许当事人自由约定，或者依据商业惯例行事。(4) 货物已经处于多式联运经营人的实际控制下。"交付"的方式，对应规定：(1) 货交收货人或者其受雇人、代理人。(2) 依据交货地适用的国际公约、国内法，多式联运经营人应当将货物交付当局或者第三方处。(3) 允许当事人自由约定，或者依据商业管理行事。(4) 货物已经处于收货方的实际控制下。

第四，《海商法》第一百零四条规定，多式联运经营人负责履行或者组织履行多式联运合同，并对全程运输负责；多式联运经营人与区段承运人可以订立分合同，但是分合同的规定不能影响经营人对全程运输责任的承担。只规定多式联运经营人与区段承运人之间是合同关系，没有明确规定追偿责任，这对于多式联运经营人来说是不公平的，没有足够的权益保障。这里借鉴《国际货协》关于承运人之间赔偿款返还的规定，在非因经营人原因造成货物毁损、灭失、延迟交付的情形下：(1) 如果损失由一个承运人过失造成，由该承运人承担责任。(2) 如果损失由参与运输的多个承运人造成，各个承运人对其造成的损失分别承担责任。(3) 如果不能证明损失由一个或多个承运人过失导致，由承运人商议责任分担办法，无法商议分担办法的，由承运人根据实际运输时的运价里程比例分担，能够证明损失并非由自身过失导致的除外。

第五，《海商法》第一百零五条和第一百零六条规定，在货物灭失、损坏发生区段可以确定时，经营人的赔偿责任与责任限额适用区段运输法律规定，不能确定的适用本法关于海上货物运输合同的规定。但是，经营人的身份有其特殊性，经营人负责履行或者组织履行全程运输。要经营人完全依照实际承运人的身份性质来承担运输责任并不公平，应当对其责任基础与赔偿限额作出单独规定。目前，其他国家的立法中，也对多式联运经营人的责任制度进行了单独的规定，或依据本国国情确定本国的经营人赔偿责任与赔偿限额，或适用《UNCTD/ICC 多式运输单据规则》(1992) 中的规定。[①] 目前，国际上普遍适用的多式联运经营人责任基础，是"过失责任 + 免责事由"的规定模式，责任限额主要采用每计件单位 666.67SDR，或者 2SDR/毛重公斤，取较高额为准的方式。[②]

第六，关于电子运输记录的规定。在国内目前《海商法》第四章关于海上货物运输合同运输单证的规定中，需要添加与之相关的详细要求。基于传

---

① UNCTAD/ICC Rules for Multimodal Transport 1992 [EB/OL]. http：//unctad. org/en/Publication-sLibrary/tradewp4inf. 117_corr. 1_en. pdf.

② Implementation of Multimodal Transport Rules (Comparative Table) [EB/OL]. http：//unctad. org/en/Docs/posdtetlbd2a1. en. pdf.

统提单流转速度慢、制作成本高的缺陷，以及近些年电子商务的普遍发展，采用电子运输单证逐渐成为国际海上货物运输的适用趋势。关于电子运输记录的法律地位的界定，美国在《统一商法典》中，确定有形和电子权利凭证共同存在的关系，和其他条例类似的是，对电子权利凭证使用"控制"的定义，充分考虑了其与传统纸质提单在使用、构造上的差异。澳大利亚是把提单的概念进行相应的延伸诠释，让提单涵盖众多部分，对交付、占有、签名等相关术语作出全新解释，让上述内容可以同等使用在电子提单中。

创设电子运输记录制度，使我国《海商法》的修订更具时代性。电子运输记录的使用，不仅涉及法律的认可，也涉及电子信息技术的运营、管理、资金等问题，需要政策、技术等多方面的努力。所以，从现实情况进行分析，可吸收《鹿特丹规则》中有关电子运输记录的要求，对其进行原则性要求。依照《鹿特丹规则》相关要求，电子运输记录就是将运输合同当作基础，而让承运人发放的电文，也涵盖和电子运输记录有关的附件、链接等组成电子运输记录的相关信息类型。其重点内容就是表示船方得到物品，和其他部分人员之间签署有关合约。只要是出现在书面运输单证中的数据，都能存在记录中，因此我们可以知道其并非单纯的电子提单。但是，即便《鹿特丹规则》认可电子运输记录的效果，在运输时期使用电子运输记录，但仍然需要由运输合约的双方达到统一意见才行。必须让当事人之间对于使用此记录达成相同意见，电子运输记录内的数据才能和之前的书面运输单证中的数据具备相同的法律效力。

电子运输记录可以转让的目的是进一步发挥其作为物权凭证的作用。由于电子运输记录本质上并非传统层面上的纸质单证，因此无法直接清楚地从物理上进行判定。那么，如何认定电子运输记录的排他控制，就体现在对于此记录开启方式的排他占有。承运人和托运人之间需要对此记录的转让形式作出单独的商定，转让时期，需要确保所记录的全部信息的精准性。其持有人，需要具备可以清楚表明自身身份的方式，才可开展电子记录的转让活动。关于电子信息的安全和保密模式，可吸收1999年国际海事委员会发布的《电子提单规则》中的相关要求，签发电子提单的承运人告诉持有人密码，两者都得到密码且确保其在自身手中不被泄露，托运人根据上述密码得到对于货物的相关权利，假如托运人要转移自身权利，那么只需要把转让的意思与电子提单的密码告知承运人，承运人核对好托运人的身份后，再制定一个新的电子提单密码，告诉相关受让方，之前的密码不再使用，最后，通过承运人改变密码的手段来结束电子提单转让活动，收货人凭借从承运人那里得知的新密码证实身份、收取货物。值得关注的是，在上述时期，托运人并未告知转让人相关密码内容。其实，电子运输记录流通的核心问题就在于，它是一个承载着货运信息的电子形式的媒介，在货运当事人之间进行流转，这种流转以法律的明文规定与当事人之间的合意为支撑，在整个流转的过程中，掌控了记录中所承载的货运信息，就掌握了对于货物的控制权利，掌握电子运输记录中信息的人可以合法地取得对于货物的最终控制权。

有观点认为，使用电子运输记录的一个好处是可以在一定程度上解决无单放货的问题。无单放货源于船舶和集装箱制造技术的提升，促使货物运输效率高于提单流转效率，因此就会出现货物提早到达而单证却没有到达的情况，于是承运人便凭借收货人所持有的保函（Letter of Guarantee，L/G），或者是副本提单（Copy B/L），完成货物交付。有统计显示，在亚洲许多临海国的进出口贸易中，有高于 80% 的交付属于无单放货，几乎所有的较短距离海运交货均采用了无单放货的交付形式。① 从实务层面上分析，处理无单放货问题，主要是为了提高单证流转效率，因此需要激发电子运输记录的效果，在技术角度上处理无单放货问题。有观点认为，凭借电子运输记录释放货物，可以增加交易的便捷程度，有利于解决货物等待单证的实务现状。而且，由于电子运输记录的适用，需要双方当事人的一致同意，所以这种交易方式有互信基础，不容易发生纠纷。② 有调查显示，对于考察的多数企业来说，它们支持使用电子运输记录，而且主要的担忧并不是电子运输记录本身，而是与之有关的立法不够完善。③ 现在，《鹿特丹规则》中依旧没有对电子运输记录的执行细节作出要求，我国在修订《海商法》时，通常从电子商务执行要求中吸取可以利用于海运电子运输记录的具体操作方法，使电子运输记录在付款、流转的过程中受到法律规范的保护。④

电子交单是电子科技、互联网金融发展的产物。2015 年，中国银行在湖南省娄底分行开出第一张 Bolero 电子交单的信用证，总金额达 500 多万美元。Bolero 电子交单是以网络、云盘为技术支撑，把船方与货方银行之间的交易单证经 Bolero 系统进行电子交单，以此提高交易效率的一种新型结算模式。⑤ 现在，在国际贸易结算活动中，电子信用证系统根据其产生模式开展探究，一是商业银行中的此类结算体系，二是电子商务企业下的结算系统。对于前者的结算来说，招商银行在国内得到良好的发展，因此其具备相应的有利条件。在后者的结算中，使用体验比较好的就是伦敦 Bolero 系统和美国的 Tradecard

---

① 司玉琢. 关于无单放货的理论与实践——兼论提单的物权性问题 [J]. 中国海商法年刊，2000（11）.

② 张馨. 无单放货法律制度研究 [D]. 烟台：烟台大学，2016.

③ 张丽英. 鹿特丹规则对中国进出口贸易影响的调研 [J]. 中国海商法年刊，2010（4）.

④ 刘伟光. 电子运输记录制度研究及对我国海商法修改的思考 [D]. 长春：吉林大学，2014.

⑤ 赵玲. 中国银行娄底分行成功实现 Bolero 电子交单 [EB/OL]. http：//mt. sohu. com/ 20150902/n420314791. shtml.

系统等。电子交单会加速贸易的发展，降低传统单证交付形式下的单证流转成本，但是，对于电子单证的流转来说，最为重要的是做好风控工作。之前的货物运输中，纸质单证的流转期限长，银行运作资金时间就更长，但是在电子单证使用时期，单证流转效率提高，也就意味着银行审核运输单证的时间也会缩短，整个贸易资金链上的流转速度也要提升，如果哪个环节的资金运作延迟，就会有损交易安全。所以，在电子交单的情形下，商业银行要做的风控工作更加艰巨。

电子单证在实务中的适用，需要相关法律规定的制约与保护。然而，目前当今世界的多数国家或者地区，还没有将电子单证的地位确立在有关货运的法律规则中。通过电子单证取代之前纸质单证的方式，依旧无法取得法律的维护。尤其是在金融领域，银行主要审核的还是纸质单证。除了电子单证本身的立法需要之外，与电子单证的适用相依存的其他方面的规范，比如税收、外汇、跨国电付等，也需要立法来支持。电子单证的广泛适用，需要国家的支持，科技的支撑，法律、法规的保驾护航，银行结算模式的更新。目前，我国不少银行已经拥有自己的单证中心。其中，单证中心是银行把跨国结算的单证和有关金融服务集合、统一解决，把一家或者众多银行中的相似业务进行整合处理的全新结算方式。以这种方式来减少跨国贸易结算中的环节，逐步减小成本与时间的付出，进一步细化银行的业务分工，更好地控制金融风险。①

在无单放货的问题上，由于海运效率的提高、短距离海运的增加，常会导致正本提单迟于货物到达的问题，在这种情境下，如果承运人仍然按照向持有正本提单的人放货的原则进行货物交付，就非常容易引发超船期、船舶与货物在目的地超期滞留的情况，从而造成更大的损失，所以通常来说，承运人为了完成货物交付义务，避免上述不必要的损失，就会以无单放货的形式进行货物交付。通常在海运活动中，无单放货产生的主要根源是正本提单的延缓来临。还有其他引发无单放货的情况，比如说，单证持有人在获取货物之前，单证被盗或者丢失，从而无法向承运人提供正本单证，为了不使货物落入非法持有运输单证的人手中，权利人需要向法院申请公示催告，从而保护自己对货物的正当权利。在法院作出除权判决之前，收货人为了能够早日收取货物，承运人也为了降低成本，就会出现无单放货的情况。在交货时，承运人如果对核实单证没有尽到应尽的合理注意义务，应当对由此造成的损失承担损害赔偿责任。在货运时期，承运人在货物来到目标地点之后，假如并未承担单证检查责任，因为恶意或者诈骗，或者其余因素，而把单证交给

---

① 李峰，焦芳. 电子交单业务的未来 [J]. 中国外汇，2014（12）.

非法的单证持有人，也就是发单放货的情况。此外有时依照交货港或者地点的国内法标准，物品来到目标地点、港口以后，承运人无法向收货人立即上交货物，而需要把货物上交给该国政府，以后让政府把物品转移给收货人。在采用记名提单的时候，承运人可立即完成货物交付活动。然而，假设并未采用记名提单，或者交付地的方式，承运人可在缺少正本提单的时候交付货物，因此会发生无单放货的问题。在签署副本提单时，承运人签署正本提单，同时也会附带签署副本提单，托运人把副本传送给收货人。收货人向承运人上交上述两部分证据后得到物品。但是，保函效力范畴并不广泛，效力只能出现在承运人、收货人、保证人三者间，却无法用来抵抗具有正本提单的善意第三人。① 无单放货的情形还有很多，这里只是列举了一些比较常见的情况。

无单放货的法律特点，一般涵盖下面三类情形：侵权、违约、侵权且违约。此处，提出侵权说的专家表明，提单最本质的特点就是物权凭证，提单持有人由此得到对于物品的控制权。假如承运人把货物交付给并未具备正本提单的收货人，那么，从本质上分析就是侵害了正本提单合法持有人自身具备的相关权利。《汉堡规则》、我国《海商法》、英国的立法和活动中，都把根据正本提单交付货物当作承运人的交货准则，因此若承运人违背上述准则，就是违法活动。假如承运人把货物交付给缺少正本提单的人，那对具备此提单的人来说，就受到了伤害。上述持有人的亏损，是由于承运人无单放货的举动导致的，所以，承运人行为和正本提单持有人的亏损之间具有一定关联。在承运人并未严苛、合理审查运输单证的情形下就把货物交付给缺少正本提单的人，是导致正本提单持有人权利受到伤害的重要因素。因此，从主观层面上分析，承运人出现问题就是由于上述因素，应把无单放货判定成侵权行为。

倡导违约说的人指出，托运人与承运人双方通过签署货物运输合约的活动，让双方建立相应的关系，运输单证的转让，促使承运人和正本提单持有人双方具备合约关系。然而笔者认为，运输单证就是合同关系的表示，却并非合同关系自身，承运人和托运人双方间由于运输合同而出现相应关系，即使承运人的活动违约，也只是对于托运人的运输合同出现违约。例如，在记名提单阶段，其并未把货物交付给记名提单中所表示的收货人。然而，在承运人与持有人之间并没有出现违约行为，因为，双方并没有合同关系。运输单证就是运输合约的证明，却并非运输合约自身。提出侵权和违约竞合说的相关专家指出，提单持有人在货物权利遭受损害的时候，可以向法院提出侵

---

① 李笑黎. 鹿特丹规则下无单放货解决机制：从凭保函放贷到凭指示放贷 [J]. 中国海商法年刊，2011 (3).

权以及违约诉讼，来确保个人的合理权益。

在运输活动中，承运人所签署的运输单证转让与否可以自主决定。对于两种不一样的运输单证来说，承运人放货要素也出现了差异。在采用不可转让单证的情形下，承运人需要验证收货人是单证中所记录的人，之后就算结束货物交付。在采用可转让单证的情形下，收货人要表明可转让的重要单证，承运人才可以结束货物交付。换句话说，对于前者，承运人可无单放货，由于审查关键就是收货人是否是运输单证中所记录的人，而并非运输单证；然而，对于后者来说，承运人要见单放货。根据联合国贸易法委员会的《UNCI-TRAL 运输法草案》，可转让运输提单具有两层意义，一层意义是货物的所有权凭证，就是重要证据，承运人需要在收到收货人的上述运输单证之后才可以开展有关活动，进而确保顺利完成；另一层意义就是运输合同，身为此类合同，承运人需要向具有正本提单的人开展交付，然而，也需要按时承担货物的有关责任义务，降低货物交付时期出现的多种风险，为了使承运人及时履行交付义务，避免不必要的损失或者风险，草案在一定程度上允许承运人进行无单放货。① 有观点认为，承运人在运输过程中的核心追求，在于获得应有的经济效益，如果依照正本提单交付货物会导致经济效益减小，承运人就会考虑无单放货来避免经济损失。如果承运人明确地知道自己依照正本提单交付货物一定会引发货损或者降低自己的经济效益，那么依旧要求承运人依照正本提单交付货物的规则本身就是违背公平原则的。如果承运人的无单放货行为，对于承运人来说，可以顺利完成交付，降低货损消耗，满足各方利益需求；对于收货人来说，可以更加及时、简便地收取货物；对于目的港来说，可以降低囤货压力，提高物流量，那么这种情形下的承运人无单放货行为，应当受到肯定与法律的支持。

承运人根据正本提单交付货物，主要是为了更加安全稳定地进行交易，根据正本提单交付的交易方式可以被大众所认可，其中主要要素是提单的信用情况，货方在承运人接收货物以后，随即丧失对于该物品的直接管控，具备提单的让货方可以得到对货物的间接控制。然而随着货物流通速度的提升，承运人开始更多地采用无单放货的方式来提高交付效率，但是，因此造成的货物纠纷案件也无法避免。对于无单放货的看法，现在并未出现被全面认可的理论，在三大海运规则系统中，依旧没有对此部分问题进行要求。在《鹿特丹规则》中，开始认可无单放货所具有的一定合理之处，以及在实务中的被需要性。在承运人签署可转让单证的时候，上述法律条文中的相关要求清

---

① 余筱兰. 鹿特丹规则承运人制度研究——兼论对中国相关法律制度的影响 [M]. 北京：北京大学出版社，2015.

楚地指出，承运人可在缺少正本提单的情形下进行交付。假如在上述运输单证以及运输记录中清楚表明承运人可在缺少正本提单的时候承担物品交付责任，那么上述状况下的无单放货在此法律要求中属于合法且正当的行为，不需要承担相应的责任。①

2009 年初，最高人民法院制定了与审理无正本提单交付货物案件相关的法律条文，并于 3 月 5 日开始正式执行。依照以上标准，假如承运人在缺少此提单时进行交付，且因此而损害相关持有人的正当权利，那么持有人可提出相应的民事赔偿。持有人在向法院提起诉讼的时候，不仅能告其违约，也能告其侵权。因此我们就可以知道，在国内对于无正本提单放货的判定中，承运人责任不仅可以被判定成违约，还能被判定成侵权。有关承运人需要担负的民事责任，需要将国内《海商法》中的有关要求当作准则。然而，《海商法》中缺少具体要求的时候，就需要适用其他法律。在适用《海商法》处理此类交付问题时，承运人没有限制责任赔偿权。假如向承运人提出收取货物的人，伪造运输单证从而得到物品，那么，具备正本提单的人依旧能向承运人提出相应的民事赔偿责任。无正本提单放货状况下的损害赔偿金额，需要根据装船时期的物品价值以及保险费、运输成本来统计。有关标准指出，承运人在以下情形中不用担负职责：第一，假如承运人是全面依照提单中所记录的目的港承担货物交付责任，此外根据目的港所在地区的相关要求，把货物交付政府，让政府把货物转交收货人，此类情形下，承运人不用对于无正本提单交付承担相关责任。第二，承运人已经将货物运至目的港，而且货物在港停留时间已经超过了合法期限，但是，却没有人向海关进行货物申报，所以，货物被海关提取、变卖，或者法院对货物实施拍卖，此类情形下，承运人不需要担负因此产生的相关责任。第三，承运人依照托运人标准，向其签发记名提单，此后，也依照托运人需求把货物交付至非记名提单中所记录的收货人，在上述情形下，具有正本记名提单的人不能向对方提出无单放货状况下的相关赔偿责任。第四，承运人签发众多提单，在正式交付的时候，需要向最初出示此提单的人进行交货。结束以上交付活动以后，其余具有此提单的人，不能继续向承运人提出无正本提单交付物品的相关责任。

依照我国《关于审理无正本提单交付货物案件适用法律若干问题的规定》，对于可提出此类亏损补偿的收货人来说，无单放货承运人以及收取货物人两者之间，需要担负弥补损失的相关责任。站在具备指示提单的运输合同的托运人角度进行分析，即便运输单证上并未表明自身托运人信息，承运人

---

① 吴焕宁. 鹿特丹规则释义——联合国全程或者部分海上国际货物运输合同公约 [M]. 北京：中国商务出版社，2011.

因为无单放货而导致其亏损的，具有指示提单的托运人可根据其和承运人签署的相关运输合约，提出承运人担负因为无单放货而导致的损失赔偿责任。假如，在承运人出现此类问题以后，具有相关提单的人以及无提单却得到物品的人之间进行协商，得到和物品总价相关的统一意见。在物品价款无法得到给付时，持有人依旧可向承运人提出因上述问题所导致的亏损赔偿要求。在诉讼时效部分，持有人对承运人此类不合法活动的诉讼时效是一年，假设以侵权为由对出现此类问题的承运人以及无正本提单得到物品的人提出诉讼，其时效依旧如此。有关此类时效的中断，需要参考《海商法》中的相关要求。

目前，我国《海商法》尚未对无单放货进行明确的界定，也没有专门条款来规制无单放货情况下的当事人责任制度，因此，法院在审理与无单放货相关的案件时，不能将《海商法》中的相关清晰内容当作定案凭证。因为传统提单流转速度慢、制作成本高的缺陷，以及近些年电子商务的普遍发展，采用电子运输单证逐渐成为国际海上货物运输的适用趋势。随着电子技术的进步和电子商务使用范畴的扩展，电子运输记录在社会实践中，能够高效、方便地进行单证流转，而且在应对无单放货方面又具有一定的积极意义，在未来的航运市场上会逐渐得到推广。但是，现在国内立法并未认可电子运输单证在无单放货中的法律效力。

最终持续取代纸质提单，在我国与之相关的法律条文中清楚表明，本要求中所表示的正本提单，只涵盖三部分：记名、不记名、指示提单。这将会不利于电子运输记录在我国货运中的适用与发展。对于此类问题的责任主体明确的相关要求，在《鹿特丹规则》中，承运人和其代理人或者受雇人等都能变成此类问题中的责任主体，然而国内相关法律中，只是将承运人和现实收取货物的人当作此类问题的责任主体。有学者认为，这样的规定不够全面，而《鹿特丹规则》中的无单放货责任主体规定，更能够体现责任制度的完整性。在责任限制的要求上，我国针对上述问题也修订了相关法律条文，其中表明不让承运人得到《海商法》中其应该得到的赔偿责任限制权。对于《鹿特丹规则》下的无单放货，承运人可在特定层面上得到赔偿责任限额，然而承运人个人意愿造成货损出现的不在此范畴内。

《海商法》中有关无单放货的要求依旧不足。未来，应当增加对于无单放货的相关规制，为解决航运实践中存在的无单放货行为提供解决问题或者纠纷的法律依据。应加快修订我国《海商法》的工作进程，跟进航运实务中的规范需求。而今，《鹿特丹规则》的内容开始涉及无单放货，这对于我国修改与补充《海商法》来说，至少可以起到一定的借鉴或者启发作用。无单放货虽然有其合理性，但是，毕竟在贸易过程中有导致交易风险的可能。所以，有观点认为，对于无单放货，我国仍然应当以主张依照正本提单交付货物为主要的交易方式，以无单放货为辅助性交货方式。《鹿特丹规则》指出，可以在运输合同当事人协商出合意的时候开展无单放货。这样，对于运输合同的当事人来说，不易产生纠纷，同时也可以提高货物的流转效率。修订我国《海商法》时，可以借鉴这一立法理念，同时，作出一定的限制性规定，使多式联运当事人之间不能够滥用合同自治原则，损害正本提单持有人的权益。在当事人适用不可转让提单时，上述人员可在协商得到合意时进行无单放货；然而，对其余类型的提单，则不能够以运输合同的当事人之间具有关于无单放货的协议为由，而对抗持有正本提单的单证持有人。总之，就是根据实际的货运需要，规定无单放货的当事人协议制度，并且作出一定的限制，以防止对正本提单持有人合法权益的损害。①

最后，关于我国《海商法》的强制适用性。《海商法》中是否应当明确规定，本法强制适用于国内物品进出口的国际货物运输？依照第二百六十九条的相关要求，合同当事人可自主协商国际海上运输合约所适用的法律，只要法律没有其他要求。假如合同当事人没有进行选择，适用与合同具有紧密关系的国家法律。所以，在国内法缺少强制适用要求的时候，当事人可商定排除适用国内《海商法》。2013 年，在大连海事大学举办的"纪念《海商法》实施二十周年暨《海商法》修改研讨会"上，武汉海事法院的候伟法官指出，美国的提单都会适用美国法，而我国《海商法》却并不能当然适用。法官在正式审判以前，要充分了解双方看法，提出适用哪个国家的法律，假如当事人选择中国法，国内《海商法》才可以被采用，否则就无法被采用。例如，在浙江土产进出口企业起诉香港国桥联运企业的案件中，货物从上海运送到美国，提单记录当事人商定采用英国法，所以最后此案件因为当事人的合约要求而采用英国法。由于我国现行《海商法》没有作出强制适用的规定，大大减小了我国《海商法》的实际适用性。但是基于法律强制适用情况，美国1936 年《海上货物运输法》要求，该法律强制适用于全部美国进出口货物运输，去除提单中法律适用内容的要求。澳大利亚等部分国家，就要求本国出口货物运输强制采用本国法。目前也有专家提出，增多海上货物运输合同强制采用中国进出口货物运输要求的意见。② 笔者认为，从现在国际立法模式来看，我国应当根据国情与贸易发展需求，规定我国《海商法》的强制适用范畴，是仅限于出口货物即可，还是进出口货物均强制适用。

三、制定《多式联运促进法》

目前，多式联运在发展中遇到的一些问题，并不仅仅是通过规定多式联

---

① 张馨. 我国无单放货制度的完善 [D]. 烟台：烟台大学，2016.
② 胡正良，孙思琪. 我国《海商法》修改的基本问题与要点建议 [J]. 国际法研究，2017(4).

运经营人责任制度就可以解决。在基层贸易公司的实习经历，让笔者意识到，一些中小企业对于多式联运并不十分了解。多式联运的发展，不仅需要私法对于多式联运当事人权利义务的规范，也需要公法的规范与支持，比如，多式联运的行政管理部门、多式联运的企业职业资格、多式联运的税收与单证管理、多式联运信息平台建设、多式联运场站功能等。美国"冰茶法案"的颁布，证明了公法性质的法案对于促进现代多式联运建设发展的重要性，这种政策先行的途径值得我们学习。

那么，《多式联运促进法》应当采用什么立法模式？笔者查询了目前国内法中的主要促进法，如《就业促进法》《民办教育促进法》《中小企业促进法》《电影产业促进法》。这些促进法的立法方式，主要分为两种。一种是从宏观角度，就相关领域或行业的发展所涉及的管理模块进行规定。① 比如，《中小企业促进法》主要从财税支持、融资促进、创业创新、市场开拓、服务措施、权益保护、监督检查几个方面进行了规定。另一种是针对整个行业运行流程进行规定，比如《电影产业促进法》，对电影创作、摄制、发行、放映、产业支持与保护的全过程进行规定。两种立法模式各有特色，第一种宏观角度的立法模式，可以对多式联运涉及的主要问题进行分类规定。第二种基于产业流程的立法模式，从产业自身发展特点出发，可以对多式联运起到一定的普法宣传作用。

《多式联运促进法》应当包含哪些内容呢？笔者认为至少应当涉及以下几个方面：（1）管理部门，财税整合。应当设立统一管理多式联运事物的多式联运办公室，保证财税资源的整合与统一。（2）规定从事多式联运的企业资质，保证多式联运的运营安全。（3）促进多式联运信息平台建设。信息平台的共享，可以解决很多实务中的困难，比如，集装箱的空箱利用，通过预设运输线路可减少运输成本，通过运输信息共享明确运输责任。（4）促进多式联运的港站建设。港站建设是衔接单一运输，提高货运效率的关键所在，对于发挥多式联运高效率的运输优势至关重要。（5）多式联运单证的指导操作流程。"一单到底"是多式联运的一个重要优势与特点，为确保单证操作的标准化，有必要对多式联运的单证流转制定指导性操作流程。为规范多式联运单证操作流程，越南财政部发布了专门针对多式联运货物的海关手续指导通知。②

---

① 《中华人民共和国就业促进法》《中华人民共和国民办教育促进法》《中华人民共和国中小企业促进法》《中华人民共和国电影产业促进法》［EB/OL］. http：//law. npc. gov. cn：8081/FLFG/.

② Guiding Customs Frocedures for Caegoes in International Multimodal Transportation，CIRCULAR No. 125/2004/tt – btc ［EB/OL］. ［2017 – 08 – 01］. http：//policy. mofcom. gov. cn/.

结　论

集装箱的标准化，为多式联运的发展提供了可能。多式联运的主要特征是，以集装箱运输为主、一个运输合同、一份运输单证、一次运费支付，由经营人对全程运输负责。多式联运建立在传统的单一运输模式基础上，是当今运输行业的一种高级运营形态。多式联运的发展，促使各个运输形式之间的整合，综合运输网络必然有利于提升货运能力，货运量的攀升对多式联运港站建设提出了新的要求。20世纪60年代以来，多式联运在运输形式上，从以海铁联运为主，逐渐形成了陆、海、空等综合运输模式；在运输范围上，从起初主要在欧美之间，逐渐向东南亚国家发展。

从法律角度来说，多式联运合同是认定多式联运法律关系的必要条件。《1980年多式联运公约》规定，多式联运的运输全程，必须签订一个多式联运合同的总合同，以明确多式联运经营人与托运人之间的权利义务关系。根据合同约定，由经营人负责完成或组织完成全程运输，并一次性收取全程运费。而由于我国立法模式，采用的是海运、内河双轨制规范，所以在我国现行《海商法》中，多式联运合同不仅需要存在两种以上不同运输方式，而且其中一种必须是海运。显然，这与《1980年多式联运公约》中对于多式联运的界定是不同的。目前，我国处理多式联运纠纷案件主要适用《海商法》与《合同法》中的相关规定。

多式联运经营人对全程运输负责，因而多式联运经营人的责任制度，是规范多式联运立法的核心问题所在。在责任制度的类型上，理论界有四种划分：统一责任制、经修正的统一责任制、网状责任制、经修正的网状责任制。统一责任制有利于体现多式联运的连续性，但同时也忽略了多式联运中，不同运输区段之间的个性问题。经修正的统一责任制，相比纯粹的统一责任制而言，更多地考虑了各个运输区段的特殊性与差异性，更贴近多式联运的发展需求。网状责任制虽然避免了多式联运立法与单一运输模式立法的规则冲突，但是并没有被1961年《国际统一私法协会多式联运公约草案》之后的任何国际立法尝试所适用，可以说已经被历史所淘汰。经修正的网状责任制，在网状责任制的基础上，通过法律规定或者合同约定的方式，规范在不可归因的损害下或者法律存在真空的情况下，多式联运经营人的责任制度适用问题。这种起到最后修正作用的条款，又被称作"最后责任条款"。经修正的网状责任制，虽然在一定程度上起到了弥补网状责任制的作用，但是，以合同约定作为确定经营人责任法律适用的基础，被认为缺乏具体的可操作性。笔者认为，我国应当采用经修正的网状责任制。

多式联运经营人责任制度的内容主要有责任期间、责任基础、赔偿限额与诉讼时效。目前国际上关于经营人责任期间的立法已经基本统一，是从"接管"货物到"交付"货物的整个期间，以适应多式联运"门到门"的运输需要。在经营人责任制度的其他内容上，立法并不统一，但也逐渐形成了主流立法模式。比如，赔偿责任基础上，主流的立法模式采用的是"不完全过失责任＋免责事由"。经营人对于免责事由之外的货损承担过失责任。赔偿责任人限额上，不得超过 666.67SDR/件、单位，或者 2SDR/毛重公斤，二者以较高者为准。诉讼时效上，以 2 年居多。笔者认为，我国应当与国际多式联运的立法总趋势一致。

在国际多式联运的立法尝试中，两个单证规则虽然能够被国际社会普遍适用，但是由于在性质上属于商事规则，并不具有法律强制力。而且，其制定目的在于，规范国际多式联运商事活动，促进国际多式联运公约的制定与生效。所以从长远来看，仍旧需要国际多式联运公约来实现相关规则的国际统一。《1980 年多式联运公约》从制定至今已有 40 年了，但是迟迟没有生效，主要原因在于推定过错原则对于经营人来说过于严格。《鹿特丹规则》"海运＋其他"的立法模式，提供了一条以海运规则为基础，统一国际多式联运立法的道路。国际公约的生效，其根本在于制定的规则与内容能否被国际社会所普遍接受与适用，是否符合当今时代的发展需求。两个与多式联运相关的国际公约，虽然都尚未生效，但其中仍有值得汲取的规范与思路，对于完善我国多式联运立法，可以起到一定的启发作用。

各国多式联运立法实践独具特色。美国多式联运立法的整体特点，是政策性规定与多式联运责任制度综合在一部法律中体现，既具有公法的性质，也具有私法的性质。英国的每个航运合同中，都存在《维斯比规则》下规范适航义务的隐藏条款。在是否废除适航义务条款颇受争议的今天，英国保留了本国航运立法的历史特色。由于电子信用证的普遍适用，英国在 1992 年的《海上货物运输法》中规定，国家可以制定条例的方式，来使电子单证在运输中的适用合法化。2013 年 4 月 25 日，德国修订了本国海商法。新法对于承运人的免责事由作出增减，在承运人的责任限额规定上，原本的立法建议稿中，作出了提高赔偿责任限额的规定，希望新的规则与《鹿特丹规则》保持一致。然而，最终新法仍旧采用了《维斯比规则》中的标准。在《德国海商法》修订的过程中，是创新与保守并存的。韩国的多式联运规则主要存在于《韩国商法典》。因为朝韩非军事区的缘故，其本国铁路不能穿越朝鲜，直接与中国、俄罗斯相连，韩国的国际贸易主要依靠空运与海运来完成。所以，《韩国商法典》中的海运规则，与《维斯比规则》《日本海上运输法》的相关规定是一致的。空运区段规则中，则吸纳了很多《蒙特利尔公约》中的规则与精神。在日本，多式联运标准合同，弥补着多式联运领域的立法空白。东盟国家以《东盟多式联运框架协议》作为发展多式联运的法律依据。因为需要考虑各国利益，《东盟多式联运框架协议》更贴近国际多式联运公约中的规范，为统一国际多式联运规则，作出了区域性贡献。

我国多式联运的法律规范，需要与国际接轨，不能闭门造车。因为多式联运的产生与发展，伴随着全球化进程的推动，多式联运的最终发展目的也应当是便利全球运输、促进经贸合作，与国际规则接轨是理所应当的道路。但是接轨的方式不能盲目照搬。就目前的国际立法现状来说，并没有已经生效的、统一的、为世界各国所普遍接受的多式联运国际公约，因而没有绝对统一的国际标准可言。只是，从国际多式联运规则的立法尝试，与各国国内法的趋同性规则中，我们可以吸取一些适合我国国情的规则。也可以通过签订双边或者多边贸易协定的方式，促进国际多式联运立法的统一化进程。

在修订《海商法》相关内容与制定多式联运单行法的问题上，笔者认为，制定一部专门的多式联运单行法，在未来并不是不可为的。但是，多式联运单行法的制定，需要国内多式联运市场基本成熟。目前，我国处于从"交通大国"向"交通强国"的转型期，正在建设成熟、稳定、高效的多式联运体系过程中。现在，不利于制定一部较完善的、长久适用的多式联运单行法。正如交通运输部法制司司长魏东所说，就目前情况来看，多式联运的发展程度与产生的法律关系，还没有到国家必须马上制定多式联运单行法的程度。目前，多式联运的市场还不够成熟发达，完善综合交通运输法规体系中的步骤安排还不明确，需要业界共同参与研究。① 既然现有《海商法》存在对于多式联运的专门规定，就应当在原有《海商法》的结构上，致力于修订我国现行《海商法》中关于多式联运合同的特别规定。在公法方面，可以制定《多式联运促进法》。

---

① 魏东. 关于多式联运的立法思考［R］. 2017 年中国海商法协会年会，2017 - 09 - 18.

参考文献

一、中文类参考文献

法律、公约类

1. 《中华人民共和国侵权责任法》，2010 年。
2. 《中华人民共和国民法通则》，2009 年。
3. 《鹿特丹规则》，2008 年。
4. 《中华人民共和国物权法》，2007 年。
5. 《中华人民共和国海事诉讼特别程序法》，2000 年。
6. 《扣船公约》，1999 年。
7. 《陆上综合运输效率化法案》（*Intermodal Surface Transportation Efficiency Act*，ISTEA），1991 年。
8. 《中华人民共和国海商法》，1993 年。
9. 《英国海上运输法》，1992 年。
10. 《联合国国际货物多式联运公约》，1980 年。
11. 《汉堡规则》，1978 年。
12. 《TCM 草案》（*Draft Convention on the International Combined Transport of Goods*），1971 年。
13. 《罗马草案》（*Rome Draft*），1970 年。
14. 《东京规则》（*Draft Convention on Combined Transport-Tokyo Rules*），1969 年。
15. 《维斯比规则》，1968 年。
16. 《海牙规则》，1924 年。

著作类

1. 丁莲芝 . 多式联运经营人责任限制问题研究 ［M］. 北京：法律出版社，2015.
2. 黄裕凯 . 鹿特丹规则 ［M］. 台北：台北航贸文化事业有限公

司，2014.

  3. 黄裕凯．海商法修正建议［M］．台北：台北航贸文化事业有限公司，2014.

  4. 许顺光．航运法主要问题研究（中英法律比较研究）［M］．新加坡：李森出版社，2014.

  5. 吴焕宁．鹿特丹规则释义［M］．北京：中国商务出版社，2011.

  6. 约翰·F.威尔逊．海上货物运输法［M］．袁发强译．北京：法律出版社，2010.

  7. 齐爱民，徐亮．电子商务法原理与实务［M］．武汉：武汉大学出版社，2010.

  8. 司玉琢，单红军．海商法［M］．北京：中国人民大学出版社，2008.

  9. 於世成，胡正良，郏丙贵．美国航运管理法律规范汇编［M］．北京：北京大学出版社，2008.

  10. 吴焕宁．国际海上运输三公约释义［M］．北京：中国商务出版社，2007.

  11. 於世成．美国航运法研究［M］．北京：北京大学出版社，2007.

  12. 胡正良，於世成，郏丙贵．鹿特丹规则影响与对策研究［M］．北京：北京大学出版社，2014.

  13. 张丽英．海商法学［M］．北京：高等教育出版社，2006.

  14. 郭瑜．海商法的精神［M］．北京：北京大学出版社，2005.

  15. 杨良宜．提单及其付运单证［M］．北京：中国政法大学出版社，2001.

  16. 张新平．海商法［M］．北京：中国政法大学出版社，2001.

  17. 邱锦添．鹿特丹规则与海牙规则、维斯比规则及汉堡规则之比较［M］．台北：台北元照出版有限公司，2011.

  18. 司玉琢．新编海商法学［M］．北京：人民交通出版社，2000.

  19. 杰默尔·布莱克．海事法［M］．杨召南译．北京：大百科全书出版社，1999.

  20. 邢海宝．海商提单法［M］．北京：法律出版社，1999.

  21. 郭瑜．提单法律制度研究［M］．北京：北京大学出版社，1999.

  22. 杨良宜．信用证［M］．北京：中国政法大学出版社，1998.

  23. 杨良宜．国际商务游戏规则［M］．北京：中国政法大学出版社，1998.

  24. 张丽英．海商法［M］．北京：人民法院出版社，1998.

  25. 於世成，杨召南，汪淮江．海商法［M］．北京：法律出版社，1997.

  26. 尹东年．当代海商法的理论与实践［M］．北京：人民交通出版社，1997.

27. 吴焕宁. 海商法学［M］. 北京：法律出版社，1996.

28. 高言，康军. 海商法理解适用与案例评析［M］. 北京：人民法院出版社，1996.

29. 傅旭梅. 中华人民共和国海商法诠释［M］. 北京：人民法院出版社，1996.

30. 张湘兰. 海商法论［M］. 武汉：武汉大学出版社，1996.

31. 陈宪民. 中国海商法［M］. 北京：海洋出版社，1996.

32. 陈文秋，吴焕宁. 海商法学［M］. 北京：法律出版社，1996.

33. 高言，康军. 海商法理解适用于案例评析［M］. 北京：人民法院出版社，1996.

34. 郁志轰. 海商法［M］. 杭州：杭州大学出版社，1993.

35. 尹章华. 海商法的理论与实务［M］. 台北：文笙书局，1992.

36. 郭瑜. 提单法律问题研究［M］. 北京：北京大学出版社，1997.

37. 何立新. 无单放货法律问题研究［M］. 北京：法律出版社，2006.

38. 李守芹. 海运提单焦点问题透视——无单放货责任论纲［M］. 北京：法律出版社，2002.

期刊、论文类

1. 胡正良，孙思琪. 2014—2015 年中国海商法发展综述［J］. 中国海商法研究，2016（3）.

2. 金在贤，吉雪萍，韩立新. 2014—2015 年韩国海商法的最新发展［J］. 中国海商法研究，2016（3）.

3. 王文贺. 提单转让的效力问题研究——以鹿特丹规则为视角［D］. 长春：吉林大学，2015.

4. 张永坚. 加强法治文化建设 助企业商海远航（上）［N］. 中国远洋报，2015 - 04 - 10.

5. 张永坚. 加强法治文化建设 助企业商海远航（下）［N］. 中国远洋报，2015 - 04 - 17.

6. 李振福，李漪，黄蕴青，姚丽丽. 海运航线战略对国家海洋建设的影响［J］. 大连海事大学学报（社会科学版），2014（6）.

7. 朱曾杰. 六十年中国航运沧桑的难忘历程之五——外贸运输的发展与国际海事法规的普及［J］. 中国远洋航务，2014（12）.

8. 庄佩君，马仁峰，赵群. 欧洲港口海运产业集群发展模式［J］. 中国航海，2013（2）.

9. 陈逸群，周述雅，李冕，黄超．放眼世界 脚踏实地——朱曾杰教授专访［J］．北京大学研究生志，2013（Z1）．

10. 张永坚．中国海商法的修法之路（上）［N］．中国远洋报，2013 - 06 - 28．

11. 张永坚．中国海商法的修法之路（中）［N］．中国远洋报，2013 - 07 - 05．

12. 张永坚．海商法 20 年：功在当代 修向未来［N］．国际商报，2013 - 07 - 22．

13. 孟淑娴．浅析美国法院如何认定提单管辖权条款的效力［J］．中国远洋航务，2013（8）．

14. 荚振坤．中世纪欧洲海商法研究（11 至 15 世纪）［D］．上海：华东政法大学，2013．

15. 朱曾杰．海商法的回顾与展望［J］．中国海商法研究，2013．

16. 张永坚．反思修改中国《海商法》之努力［J］．中国海商法研究，2013，24（3）．

17. 张永坚．鹿特丹规则评述（上）［N］．中国远洋报，2012 - 11 - 09．

18. 张永坚．鹿特丹规则评述（下）［N］．中国远洋报，2012 - 11 - 23．

19. 邱潇可．美国关于提单的法律性质定位探析［J］．法制与社会，2012（21）．

20. 朱曾杰．再评鹿特丹规则［J］．中国海商法研究，2012，1（1）．

21. 李天生．论英美提单管辖权条款效力及其对我国的启示［J］．山东社会科学，2012（10）．

22. 王小芹．上海港发展多式联运存在问题及对策［J］．中国水运，2011（11）．

23. 郭萍，高磊．海运承运人责任期间之研究——兼谈对中华人民共和国海商法相关规定的修改［J］．中国海商法年刊，2011（3）．

24. 何立新．论新民商立法视野下中华人民共和国海商法的修订［J］．中国海商法年刊，2011（6）．

25. 陈芳，郑景元．论提单的法律性质［J］．法学评论，2011（4）．

26. 李海．关于修订海商法需要厘清的几个基本理论问题——从《海商法》的第一章"总则"说起［J］．中国海商法年刊，2011（1）．

27. 李勤昌．提单的若干概念及其法律问题［J］．国际商务（对外经济贸易大学学报），2010（1）．

28. 吕鸣．鹿特丹规则下提单功能的缺失与重塑［J］．国际商务研究，2010（4）．

29. 张敏，王亚勇．鹿特丹规则对提单制度的影响［J］．武汉理工大学学报（社会科学版），2010（4）．

30. 梁慧星．修改中华人民共和国海商法的诉求与时机［J］．中国海商法年刊，2010（2）．

31. 马德懿．海商法文化战略：基于"无单放货"问题的思考［J］．当代法学，2009（1）．

32. 朱曾杰．初评联合国全程或者部分国际海上货物运输合同公约［J］．中国远洋航务，2009（5）．

33. 王彦斌．我国海商法对提单运输关系强制适用问题研究——以我国涉外海事案件法律适用情况实证分析为视角［J］．重庆交通大学学报（社会科学版），2009（12）．

34. 何丽新，陈永灿．海商法特性论［J］．中国海商法年刊，2008（1）．

35. 苏同江．中国海商法有关海运提单强制适用问题研究［J］．中国海商法年刊，2008（1）．

36. 周斌，宁华波．提单批注及其法律责任——兼论我国海商法中有关提单批注问题的规定［J］．法制与社会，2008（3）．

37. 陈小曼．试论提单的法律性质［J］．学术交流，2008（6）．

38. 高月芬．海运提单批注纠纷与中国海商法［J］．海洋科学，2007（3）．

39. 吴焕宁．我国海商法修订引发的思考［J］．国际经济法学刊，2007（9）．

40. 苏同江，杨晓娜．我国海商法有关海运提单强制适用问题的研究［J］．青岛远洋船员学院学报，2007（9）．

41. 吴焕宁．我国海商法经纬［J］．海大法律评论，2007（10）．

42. 王淑敏．FIATA 提单与中国海商法相关条款的比较［J］．中国海商法年刊，2005（1）．

43. 向在胜．电子提单法律问题研究［D］．武汉：武汉大学，2005.

44. 楼见．记名提单项下的无单放货问题研究［D］．上海：上海海事大学，2005.

45. 张进先．论无正本提单放货［D］．北京：对外经济贸易大学，2005.

46. 郑梁．论我国海商法中提单持有人的内涵限定与外延拓展［J］．世界海运，2005（12）．

47. 孙立华，缪六莹．英国和香港法下的提单外国管辖权条款［J］．中国海商法年刊，2004.

48. 李海．关于提单仲裁条款效力若干问题的思考［J］．中国海商法年刊，2004.

49. 姚洪秀，王小芳. 我国海商法下承运人及实际承运人若干问题研究 [J]. 中国海商法年刊，2004.

50. 蒋芙沙. 国际公报与我国海商法对提单之调整 [J]. 怀化学院学报，2004 (6).

51. 胡正良. 论《海商法》修改的必要性 [J]. 当代法学，2003 (12).

52. 司玉琢，胡正良. 我国海商法修改的必要性 [J]. 中国海商法年刊，2002 (1).

53. 朱曾杰. 关于集装箱运输提单上的"不知"批注 [J]. 中国远洋航务，2001 (8).

54. 林瑞云. 略论托运人和提单持有人诉权 [D]. 厦门：厦门大学，2001.

55. 张廷茂. 近代早期英国海运业的兴起 [J]. 西北第二民族学院学报（哲学社会科学版），1993 (2).

56. 杨良宜，何建华. 英国新提单法——介绍英国 1992 年海上货物运输法 [J]. 中国海商法年刊，1992 (1).

57. 朱曾杰. 试论国际海事立法的统一活动 [J]. 中国海商法年刊，1990 (1).

58. 傅婧英. 中国《海商法》迟延交付责任制度之检讨 [J]. 大连海事大学学报（社会科学版），2015 (12).

59. 苏同江. 中国《海商法》有关海运提单强制适用问题研究 [J]. 中国海商法年刊，2007 (1).

60. 司玉琢. 中国海商法下港口经营人的法律地位 [J]. 昆明理工大学大学学报（社科法学版），2007 (5).

61. 陈泽，夏晶. 重庆多式联运现状研究 [J]. 重庆交通大学学报（社会科学版），2016 (5).

62. 莫世健. 中国在鹿特丹时代国际海运秩序构建中角色的理性思考 [J]. 中国海商法年刊，2011 (1).

63. 何志鹏. 鹿特丹规则的中国立场 [J]. 中国海商法年刊，2011 (2).

64. 邓力群. 国际多式联运经营人责任法律制度研究 [D]. 哈尔滨：哈尔滨工程大学，2009.

65. 戚莎莎. 对鹿特丹规则的态度选择 [J]. 法制博览，2015 (12).

66. 张滨，黄波，樊娉. "一带一路"背景下我国海路联运建设与发展 [J]. 中国流通经济，2015 (6).

67. 付小曼. "一带一路"视角下多式联运法律界定的理论审视 [J]. 法

制与社会，2015（8）.

68. 穆毅，马天山. 丝绸之路开展国际多式联运的障碍及对策［J］. 交通发展，2005（4）.

69. 邹盈颖. 中国法视角下对鹿特丹规则评估的认识［J］. 法学，2010（11）.

70. 王威，关正义. 鹿特丹规则背景下东盟多式联运框架协议问题研究——与中国海运立法比较［J］. 东南亚纵横，2011（5）.

71. 陈超，蔡存强. ISM 规则对船舶适航的影响［J］. 上海海运学院学报，2003（4）.

72. 向力. 国际海运业承运人责任体制的传承与发展——鹿特丹规则承运人责任规定介评［J］. 中国海商法年刊，2009（4）.

73. 王欣. 简评鹿特丹规则对中国外贸的影响［J］. 中国海商法年刊，2010（3）.

74. 杨树明，郭东. 由承托双方的正义到公共的真意——由船舶适航性的演进看海商法的发展趋势［J］. 现代法学，2009（2）.

75. 林大鹏. 试论"开航当时"的法律认定［J］. 航海技术，2001（6）.

76. 常子轩. 论国际海上货物运输的法律冲突［J］. 天津大学学报（社会科学版），2001（3）.

77. 常丽莎. 浅析全程或者部分海上国际货物运输合同公约的调整范围［J］. 法制与社会，2009（4）.

78. 司玉琢等. 关于无单放货的理论与实践——兼论提单的物权性问题［J］. 中国海商法年刊，2000（11）.

79. 张丽英. 鹿特丹规则对中国进出口贸易影响的调研［J］. 中国海商法年刊，2010（4）.

80. 郭瑜. 论无单放货引起货物索赔的时效［J］. 中国海商法年刊，1992（1）.

81. 韩立新. 鹿特丹规则下可流通提单"物权凭证"功能沦丧抑或传承［J］. 中国海商法年刊，2010（3）.

82. 张湘兰，向力. 鹿特丹规则货物交付制度探究［J］，华东政法大学学报，2010（6）.

83. 郭瑜. 论提单的物权性［J］. 中国法学，1997（4）.

84. 李洋，张振安. 论我国海商法修改的必要性［J］. 中国远洋航务，2013（7）.

85. 康亮. 对于国际货运代理人与多式联运经营人身份识别的比较分析［J］. 科技创新导报，2011（15）.

86. 常青. 解密多式联运［J］. 珠江水运，2016（S2）.

87. 王童，包文艳. 西部地区发展多式联运的思考［J］. 交通企业管理，2013（12）.

88. 曾维纲. 多式联运单据的产生与现状［J］. 大连海运学院学报，1986（12）.

89. 方莹莹. 郑州航空港经济综合试验区多式联运发展探析［J］. 知识经济，2016（16）.

90. 尹一白，周丽娟. 我国集装箱海铁联运面临的发展问题与解决方案［J］. 航海，2016（4）.

91. 吕长青. 夯实基础强化管理促进我国国际集装箱多式联运的发展［J］. 集装箱化，1998（1）.

92. 李淼. 多式联运下区段承运人的识别——兼谈多式联运经营人风险的防范［J］. 法律与经济，2008（10）.

93. 张炎. 论国际货物多式联运经营人和货运代理人的区别［J］. 台声·新视角，2006（1）.

94. 方友熙. 辨析国际多式联运经营人责任追偿与抗辩［J］. 重庆交通大学学报（社会科学版），2010（1）.

95. 马瑄，刘喜斌. 对多式联运经营人延迟交付赔偿责任问题的探究［J］. 辽宁行政学院学报，2013（3）.

96. 陆军，奚巍，申明江. 多式联运经营人该怎样赔［J］. 中国海关，2009（12）.

97. 王乃超，苏顺虎，王明志，等. 我国集装箱多式联运的现状与趋势［J］. 中国储运，2008（11）.

98. 张咪，顾波军. 我国集装箱多式联运政策、不足与优化［J］. 中国水运，2014（14）.

99. 蒋景玲，汪健. 我国多式联运立法现状及对策研究［J］. 综合运输，2016（11）.

100. 张瑷媛，王婧，王振华. 江苏省多式联运发展现状及对策研究［J］. 物流科技，2016（6）.

网络

1. 联合国第63届会议大会决议，联合国国际贸易法委员会官网［EB/OL］. http：//www. uncitral. org/pdf/chinese/workinggroups/workinggroup3/res122c. pdf.

2. 中国海商法协会. http：//www. cmla. org. cn/.

3. 法律快车. http：//haishang. lawtime. cn/.

4. 海法网 . http：//www. sea－law. cn/index. html.

5. 中国涉外商事海事审判网 . http：//www. ccmt. org. cn/dxal. php.

6. 上海国际航运研究中心 . http：//sisi－smu. org/showclass. asp？ClassID＝112 & Language＝zh－cn.

7. 美国促进集装箱多式联运迅速发展的制度安排 ［EB/OL］. http：//www. lyccta. org/knowledge－view－36. aspx.

8. 多式联运发展经历三个阶段 ［EB/OL］. http：//market. chinabaogao. com/jiaotong/1021254OH016. html.

9. 综合运输服务"十三五"发展规划印发从十一个方面升级综合运输服务 ［EB/OL］. http：//www. mot. gov. cn/zhengcejiedu/ghylxtrhdzzhysfwsjb/meitibaodao/20160 8/t20160802_2070298. html.

10. "十三五"长江经济带港口多式联运建设实施方案 ［EB/OL］. http：//www. askci. com/news/finance/20161226/11115084803. shtml. 2016－12－26.

11. 十八部委联合发布《关于进一步鼓励开展多式联运工作的通知》 ［EB/OL］. http：//njtc. sinotrans－csc. com/art/2017/1/5/art _ 9921 _ 235668. html. 2017－01－15.

12. 霸州市胜芳志兴制管有限公司诉天津市五环货运代理有限公司多式联运合同纠纷案——货运代理企业承运人身份的识别因素 ［EB/OL］. http：//www. pkulaw. cn/case/pfnl _ 1970324843826503. html？keywords＝多式联运 & match＝Exact.

13. Intermodal Asia Testimonials. http：//www. intermodal－asia. com/cn/exhibiting/intermodal－asia－testimonials.

14. 欧美多式联运发展的经验与启示 ［EB/OL］. http：//csl. chinawuliu. com. cn/html/19888124. html.

15. 欧洲多式联运发展现状及举措 ［EB/OL］. http：//www. istis. sh. cn/list/list. aspx？id＝7941.

16. 美国多式联运实践队中国的启示 ［EB/OL］. http：//wenku. baidu. com/link？url＝_a2QNtytCXS4aOQmS9kbJIUG2l8hr5pOB7daF5Eqh-N9wLyvpj_hbyI－ITOak-DYfNAM1rB 1o2lNdFtPq6gXsgm7qetn6vvGC13ABlkN9w1Ra. 2016－07－08.

17. 港口介绍 . http：//www. port. org. cn/port/index. htm.

18. 国际多式联运 . http：//www. lyccta. org/knowledge－view－58. aspx.

19. 多式联运有了"词典""身份证"——货物多式联运术语和多式联运运载单元标识解读 ［EB/OL］. http：//www. mot. gov. cn/jiaotongyaowen/201702/t20170209_2162849. html.

二、外文类参考文献

1. John F. Wilson, Longman. Carriage of Goods by Sea. 7th Revised edition [M]. 2010.

2. Alexander Von Ziegler. the Rotterdam Rules 2008: Commnentary to the U-nited Nations Convention on Contracts for the International Carriage of Goods Wholly or Partly by Sea [M]. the Netherland: Kluwer Law International BV, 2010.

3. Stephen D. Girvin. Carriage by Sea: the Sea Transport Documents Act 2000 in Historical and Comparative Perspective [M]. S. african L. j, 2002.

4. JA Franco. Documents on International Carriage of Goods by Sea: Its Perspective Under Competition Law [M]. Social Science Electronic Publishing, 2009.

5. Ritter J B, Gliniecki J Y. International Electronic Commerce and Administrative Law: the Need for Harmonized National Reforms [J]. Harvard Journal of Law and Technology, 1993.

6. ET Laryea, Dematerialisation of Insurance Documents in International Trade Transactions: A Need for Legislative Reform [M]. U. n. s. w. l. j, 2000.

7. SM Carbone, AL Mattina. Uniform International Law on the Carriage of Goods by Sea. Recent Trends Toward a Multimodal Perspective [M]. T. M. C. Asser Press, 2013.

8. K Goddard. Flexibility in Contracts for the Carriage of Goods by Sea: a Historical Perspective [M]. Diritto Marittimo, 2013.

9. P Rogers, B Studd, J Strange. Coal Carriage by Sea [M]. Informa Law, 1997.

10. D Damar. Carriage by Sea [M]. Spring Berlin Heidelberg, 2011.

11. F Franchino. Delegation and Constraints in the National Execution of the EC Policies: A Longitudinal and Qualitative Analysis [M]. West European Politics, 2001.

12. M Marusic. A Gateway to Electronic Transport Documentation in International Trade: the Rotterdam Rules in Perspective [M]. Law & Political Science, 2012.

13. R Price. Carriage of Hazardous Cargo by Sea: a UAE Law Perspective [M]. Arab Law Quarterly, 1995.

14. SM Garfield, LG Gordos. Loading and Unloading Device [M]. US, 2006.

15. JM Ansermino, W Magruder, M Dosani. Empirical Evidence for Integration and Disintegration of Maritime Shipping, Port and Logistics Activities [M]. Sourceoecd Transport, 2010.

16. Nicholas la Garza. UNCITRAL's Proposed Instrument on the International Marine Carriage of Goods [J]. University of Denver Transportation Law Journal, 2004.

17. Hugh Kindred and Mary R. Brooks. Multimodal Transport Rules [M]. Kluwer Law International, 1997.

18. Transport Law Preliminary Draft Instrument on the Carriage of Goods by Sea [R]. UN General Assembly Document, 2002.

19. Johannes Trappe. Maritime Law Problems under a Sale Contract Overseas [M]. International Handelsrecht, 2010.

20. Forbes, Andrew. International Maritime Security Law [J]. Australian Journal of Maritime and Ocean Affairs, 2015.

21. Comite Maritime International. http: //www. comitemaritime. org/Links/ 0, 276, 1632, 00. html.

22. International Maritime Law Institute. http: //www. imli. org/.

23. Maritime Law Association of the United States. http: //mlaus. org/.

24. British Maritime Law Association. http: //www. bmla. org. uk/.

25. Maritime Law Association of Singapore. http: //www. mlas. org. sg/.

26. the Canada Maritime Law Association. http: //www. cmla. org/.

27. Hongkang Maritime Law Association. http: //www. hkmla. org/.

28. Felix Wai Hon Chan. In search of a Global Theory of Maritime Electronic Commerce: China's Position on the Rotterdam Rules [J]. Journal of Maritime Law and Commerce, 2009.

29. Ralph. a Brief Review of Legal Problems in Multimodal Transport [M]. Ports and Harbors, 2000.